決定版！
投・走・攻・守 上達ポイント

江藤省三野球教室

江藤省三・著

東京新聞

はじめに

　昭和の時代は、全国どこに行っても空き地で子供たちがキャッチボールをしていました。野球の人数に足りないときには三角ベースで試合をしたものです。それがどうでしょう。時代の流れや環境の変化とはいえ、今や試合どころかキャッチボールさえもする場所がなくなってきています。

　そんな厳しい環境の中でも必死にボールを追いかける少年少女たちのために、何かお手伝いができないかと考えていたところ、2000年から野球教室のコラムを連載している東京中日スポーツさんから「是非本にしませんか？」という話があり、この連載の中から小・中学生へのアドバイスとして有効な項目を選んで、この度出版することが出来ました。

　私は全国各地で小・中学生の指導をしていますが、ユニフォームを着ている子供たちに「将来の夢は？」と尋ねると、その多くがプロ野球選手と答えます。私は小学4年生から野球を始めましたが、そのときからプロ野球選手になるのが夢でした。夢を追いかけ、そして夢をつかむため、そこに向かって努力をしました。

　生まれ育った熊本の高校から、愛知県の野球の名門・中京商業（現・中京大中京）高校に転校したのも夢のためで、甲子園には2度の出場を果たすことができました。そして慶應義塾大学に進み、卒業とともにジャイアンツに入団し、その夢をつかみ取ったのです。

　私が夢をつかむことができたのは、野球が何よりも大好きだったからです。好きだから練習をする。練習をすると上手くなる。上手くなると野球が

ますます好きになる。小学4年生から始めた夜のスイングだけは、どんなときでも続けてやりました。

　しかし、単に好きだからだけではプロ野球選手になることはできません。夢の実現には良い指導者との出会いがなければなりません。その気にさせてくれる指導者、的確なアドバイスをしてくれる指導者、そんな出会いこそが君たちの夢をかなえさせてくれるのです。

　私も本当はすべての子供たちに直接指導したいのですが、もちろんそれはかないませんので、そんな思いを込めた、夢を追いかける野球少年少女たちをサポートするための指導書がこの本です。

「ホームランを打つにはどうすればいいですか？」

「速い球を投げるには？」

「コントロールをつけるには？」

「足が速くなる練習は？」

などの、あらゆる疑問の解決に役立つはずです。

「練習はうそをつかない」と聞いたことがあると思いますが、この本はその「練習」をサポートするための野球本です。必ず皆さんの実践的な手助けになると信じています。

元慶應義塾大学野球部監督　**江藤省三**

決定版!
投・走・攻・守 上達ポイント
江藤省三野球教室

はじめに ……………………………………………………… 2

投手

正しい握りとフォーム ……………………………… 12
コントロールを良くするには ……………………… 14
低めに投げるコツ …………………………………… 16
体重移動 ……………………………………………… 18
タメをつくる ………………………………………… 20
ステップ ……………………………………………… 22
球速をアップさせる ………………………………… 24
シャドーピッチング ………………………………… 26
回転の良いボールを投げる ………………………… 28
コラム　軽い球・重い球 …………………………… 29
フォームの修正　アーム式の投げ方 ……………… 30
フォームの修正　ヒジが下がる …………………… 31
フォームの修正　インステップ …………………… 32

contents

フォームの修正	テイクバック	33
フォームの修正	シュート回転	34
フォームの修正	担ぐようなフォーム	36
フォームの修正	体が開く	37
変化球を覚える	カーブ	38
変化球を覚える	スライダー	39
変化球を覚える	ツーシーム	40
変化球を覚える	チェンジアップ	41
変化球を覚える	スプリット	42

コラム　フォークの投げ方 …… 43
サイドスローとアンダースロー …… 44
打者を打ち取るテクニック …… 45
肩・ヒジのケア …… 46
試合前の準備 …… 48
試合中にチェックできるポイント …… 49
投球時の目線 …… 50
投球後の守備 …… 51
効果的なランニング方法 …… 52
投げ込みの数 …… 54

捕手

構え方	56
捕球の仕方	58
ショートバウンドの捕り方	60
フットワーク・送球	62
フライの捕り方	64
バント処理	66
肩を強くする	68
打者を観察する	69
投手をリードする	70
本塁でのクロスプレイ	71
コラム　左利きのキャッチャー？	72

打撃

バット選び	74
グリップの種類と握り方	75
打席の位置と構え	76
スタンス	78
ステップ	79
トップのつくり方	80
タイミング	82

contents

コラム　木製バットの手入れ　　83
ミートポイント　　84
スイングの軌道　　86
正しい体重移動　　88
レベルスイング　　90
軸足に体重を乗せる　　91
割れ（タメ）のつくり方　　92
フォームを固める　　94
コラム　ヒットエンドランとランエンドヒット　　95
速球を打つには　　96
ヘッドスピードを上げる　　97
飛距離を伸ばす　　98
実戦で結果を出す　　99
打席での心構え　　100
内角球の打ち方　　101
外角球の打ち方　　102
落ちる球の打ち方　　104
左打ち、スイッチ転向の心得　　105
逆方向に強い打球を打つ　　106
バットを短く持つ　　107
ファウルを打つコツ　　108
選球眼を磨く　　109
フルスイングするには　　110

コラム　非力な打者は…	111
フォームの修正　体が開く	112
フォームの修正　ヘッドが下がる	114
フォームの修正　バットが波を打つ	116
フォームの修正　ドアスイング	118
フォームの修正　アッパースイング	120
スランプを脱するには	122
コラム　硬式球と軟式球	123
打球が上がらない	124
個人でできる練習メニュー	126
バスター	130
コラム　左対左対策	131
バント	132
セーフティバント	134
スクイズ	135
コラム　バッティングセンターでの練習法	136

守備

グラブ選び	138
キャッチボール	139
内野手　守備の構えから打球を追う	140
内野手　ゴロの捕球	142

contents

内野手 ステップ・アンド・スロー ……… 144
内野手 一塁手 ……… 146
内野手 二塁手 ……… 147
内野手 三塁手 ……… 148
内野手 遊撃手 ……… 149
内野手 併殺プレイ 二塁手 ……… 150
内野手 併殺プレイ 遊撃手 ……… 151
内野手 挟殺プレイ ……… 152
内野手 カットプレイ ……… 153
内野手 ベースカバー 二塁手 ……… 154
内野手 ベースカバー 遊撃手 ……… 155
内野手 強いゴロを捕るには ……… 156
内野手 シングルハンドキャッチ ……… 157
内野手 バウンドを合わせる ……… 158
コラム　軟式球の守備のコツ ……… 159
内野手 強い送球を投げるには ……… 160
内野手 スナップスロー ……… 161
内野手 イップスの対処法 ……… 162
内外野の声の連係 ……… 163
外野手 ゴロの捕球 ……… 164
外野手 スローイング ……… 166
外野手 強い送球をする ……… 168
外野手 内野への返球 ……… 169

外野手 フライの捕り方 …………………………………… 170
外野手 ライナーの捕り方 ………………………………… 171
外野手 肩を強くするには ………………………………… 172
外野手 守備範囲を広げる ………………………………… 173
コラム　太陽でフライを見失う ………………………… 174

走塁

打者走者のベースタッチ …………………………………… 176
走者の心得 …………………………………………………… 178
コラム　たとえサインを見逃してしまっても ………… 179
盗塁のためのリード ………………………………………… 180
盗塁のスタート ……………………………………………… 182
スライディング ……………………………………………… 183
投手のくせをつかむ ………………………………………… 184
ヒットエンドラン …………………………………………… 185
2次リード …………………………………………………… 186
足が速くなるトレーニング ………………………………… 187
コーチャーの役割 …………………………………………… 188

※本書は、特に記載のない限り、右投げ・右打ちの選手を前提に技術解説をしています。
※変化球の投げ方も収録していますが、学童軟式など小学生野球の多くでは変化球の使用が禁止されています。

投手

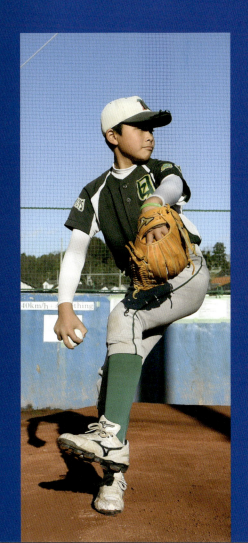

正しい握りとフォーム
基本的なボールの握り方、投げ方を覚える

正しいボールの握り方

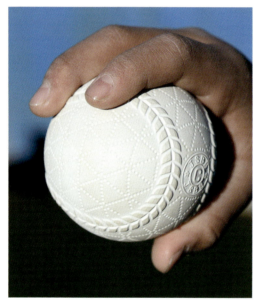

中指と人さし指には平等に力をかける

①ボールの中心で中指を少し曲げて人さし指と同じ長さにして縫い目にかける＝この２本の指に平等に力をかければ真っすぐに回転します。例えば、中指に６、人さし指４の力がかかると右回転してスライドします

②人さし指と中指の間に小指が入るくらいの間を空ける。指をくっつけないようにする

③親指はできるだけ２本の指の真下に添える

正しいフォーム

- 軸足に十分体重を乗せる
- 左足をできるだけ高く上げる＝腰の高さより上
- 前方へは右ヒザを軽く曲げて、左のお尻をキャッチャーに向けながら移動する
- 足が着地した瞬間、ボールはトップの位置
- グラブは肩と水平で真っすぐ前に出す
- ヒジは90度以内に曲げる
- 着地は軸足のかかととキャッチャーミットの一直線上に踏み出す
- 右腕の振り（リリース）と同時にグラブを左胸に強く引く
- リリース後の右手首は左足の外に振り抜く

投げる目標をしっかり見て投球動作に入る

軸足に体重を乗せる

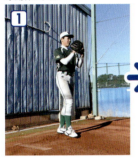

左足はできるだけ高く上げる

お尻の左側をキャッチャーに向けながら移動

左足は真っすぐ踏み出す

着地した瞬間、ボールはトップの位置に。ヒジが肩の高さまで上がるのが理想

左胸にグラブを抱え込み、腕はヒジから出すようにする

目標に向かって強く腕を振る

フォロースルーは左足の外側まで振り抜く

コントロールを良くするには
足を高く上げ、ヒジを上げる時間をつくる

テイクバックで軸足に体重を乗せるとき、右ピッチャーなら左足をできるだけ高く（最低でも腰の線まで）上げます。そうすることで前方への早い突っ込みを防ぎ、ヒジを上げる時間を稼ぐことができます。ピッチングは始動からフィニッシュまで手と足が全く逆の動きをするでしょう。例えば、足を上げるときは手は上から下へ下がり、踏み出すために足を下ろすとき、今度は逆に手は上がっていきます。このように手と足が逆の動きをするので、バランスを取るのが難しいのです。そこで強じんな下半身が必要となり「ピッチャーは走れ、走れ」と言われるのです。

つま先をやや閉じながら踏み込みますが、閉じすぎると壁をつくってしまい、せっかくのパワーが伝わりません。また、ヒザが開いてしまうと力が外に逃げてしまいます。前方へは、右ピッチャーなら左のお尻から出て行きます。そうすると着地のとき、左足、左ヒザ、左腰が開かず、体重移動がスムーズにでき、ストライクを投げることができます。

右ページの4点のように、その場で簡単に修正できることをチェックしてください。

足を高く上げると、前方への早い突っ込みを防ぐことができる

チェックポイント

ステップ幅は広く、あるいは狭くなっていないか

踏み出した足がクロス、あるいは開いていないか

ボールの握りはどうか、深くないか

体重移動はどうか、前に突っ込んでいないか

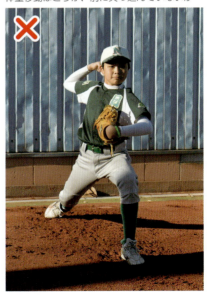

低めに投げるコツ
ステップが広すぎるとボールは高めに

低めに投げるには、正しい体重移動と安定したリリースポイントが必要です。右ピッチャーの場合、左足が着地したときに体が上を向いていたり、ボールを持ったヒジが上がってこなかったりすると、コントロールはつきません。

ボールが高めに行くのは通常、ステップ幅が広すぎるときです。フォームをチェックしてみてください。簡単なチェックポイントを教えます。

チェックポイント

軸足（右足）に体重が残っているか
打者方向へ早く出ていくとヒジが完全に上がりきらない

ステップ幅はどうか
広すぎると十分な体重移動ができない。その結果リリースが早くなりボールは高めにいくことが多くなる

ステップの方向は真っすぐか
踏み出しが開いてヒザが割れてはいけない。親指を内側に向けて着地をすると防ぐことができる

投球フォーム
ステップ時の左肩の位置に右肩が来るように腕を振る

フォロースルー
アゴの位置が左足のスパイクの上にくるように十分に体重を乗せる

体重移動
基本は下半身主導

ピッチングは、上半身と下半身のバランスが大切ですが、基本は下半身主導の体重移動です。正しい体重移動を順に説明します。

左足を上げたとき、体重は右足（軸足）のももの内側にかける。親指のつけ根に体重が乗っているイメージで、頭と軸足のスパイクは一直線上にある

左足を高く上げて両ヒザを内側に絞る。足を高く上げると軸足に十分タメを残せるし、着地までにヒジを上げる時間をつくることができる

+1 プラスワンアドバイス

少年野球だとマウンドが平らなところと、傾斜のあるところがあります。角度が変わりますから、体重移動に最も気をつけなければいけません。傾斜があるマウンドは小学生でも比較的スムーズに体重移動ができますが、平地ではなかなかできません。軸足に体重を乗せてタメをつくりますが、平地だと右投げなら左肩が上がったり、右ヒザが折れたりします。右ヒザの折れが大きいと、体が横を向いたままキャッチャーの方に移動するので正しい体重移動ができません。

左足は親指の内側から着地する感覚で軸足とキャッチャーを結んだ延長線上に真っすぐ踏み出す

ヒジは肩の高さで、L字形になるようにする

グラブは肩と水平に真っすぐに突き出し、右腕の動きに合わせて左胸の前に強く引く

左肩と右肩を入れ替えるイメージで回転し、左足1本で立つ感じで体重移動する

フォロースルーで右足のスパイクの裏が上を向いていればうまく体重移動した証拠です。

タメをつくる
キャッチボールを工夫する

右ピッチャーの場合、左足を上げながら、軸足の太ももの内側に体重を乗せてタメをつくりますが、頭は右足のスパイクの真上に乗るように意識します。こうしてつくったタメを軸足に保持しながら、打者に向かって平行移動していきます。左足をできるだけ高く（腰の線、またはそれより上）上げると、前方への移動の時間が長く取れて、ヒジを上げる時間も取れます。

逆のケースとして、盗塁を警戒するときのクイック投法をイメージしてみてください。前方への移動時間が早いため、ヒジを上げるのが難しいでしょう。プロ野球のピッチャーでもクイックの苦手な人がいますが、タメがつくれず、ヒジを上げることができないからです。

クイック投法

クイック投法は前方への移動時間が早い。盗塁警戒には必要な投法だが、タメをつくるのが難しい

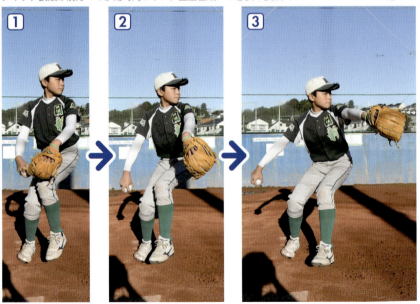

+1 プラスワンアドバイス

「タメ」はパワーを溜めておくということ。体重移動を正しく行うために必要です。

タメをつくる練習として、キャッチボールの時、右足に体重を乗せた状態で（もちろん左足はベルトより上に上げて）3歩、ケンケンで横跳び（片足で跳ぶ）して投げてみてください。この時、右ヒザの上に頭が乗っていれば十分にタメができています。これがタメの基本です。タメを保つには着地するまで、両ヒザを内側にしぼっておくようにしてください。

タメをつくる練習

3歩、右足だけで横に跳びながら、体重移動を意識して投げる

ステップ
歩幅5足半〜6足半が目安

ピッチャーのステップ幅(踏み出す歩幅)は、まちまちです。一般に、アメリカ人のようにパワーがあり、上半身主体のピッチングをするピッチャーは歩幅がせまく、日本人のように下半身主導で腕をムチのようにしならせて投げるピッチャーは歩幅が広いと言われます。しかし、広すぎると体の回転速度が落ちるし、体重移動もスムーズにいかなくなります。逆に狭すぎると前方に突っ込みすぎたり、突っ立ったまま手投げになる傾向が強くなります。

人それぞれ身長や足の長さが違うので、決めつけるわけにはいきませんが、大人も子供も平均5足半〜6足半を目安としています。少年野球でも絶好調時の歩幅を覚えておくことが必要かと思います。特に少年野球は平らなマウンドもあるのでマウンドがあるときとないときの歩幅を身につけてください。ちなみにプロ野球で活躍したピッチャーの多くがステップは広すぎるよりは狭い方がいいと伝えています。

歩幅5足半〜6足半
5足半〜6足半の間で自分の歩幅を見つける

狭すぎる場合

歩幅が狭すぎると前方に突っ込みすぎたり、手投げの状態になりやすい

広すぎる場合

歩幅が広すぎると体の回転速度が落ち、体重移動もスムーズにいかない

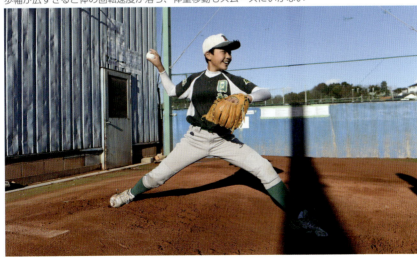

球速をアップさせる
腕を速く振り、指先に強い力を与える

速い球を投げるにはいろいろな条件があります。例えば肩が強い、肩の回転がスムーズ、下半身が強い、フォームに欠点がない、指の力が強いーなどを持ち合わせて初めて速いボールを投げることができるのです。普段の練習で遠投やボール回しなどはやっていると思いますが、これも肩の強化にはとても効果がありますから、できるだけ続けてたくさん投げ込んでください。技術的には、

①**腕を速く振る**＝このとき手がヒジよりも先に出てはいけない。テコの原理と同じように肩を支点として腕をムチのようにしならせて投げる

②**ボールを離す瞬間に指先に強い力を与える**＝速球を生み出す回転数はこの指先の力に左右される。

さらに、速球に必要なアウターマッスル（外側の筋肉）とインナーマッスル（内側の筋肉）を鍛えてください。アウターマッスルは腕立て伏せやダンベル、インナーマッスルは、チューブトレーニングが効果的です。

腕を速く振る

肩を支点として、腕をムチのようにしならせて投げる

ダンベルでのトレーニング

ダンベルで速球に必要なアウターマッスルを鍛える

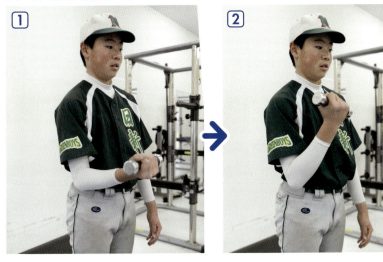

チューブでのトレーニング

チューブではインナーマッスルが鍛えられる

シャドーピッチング
フォームづくりに最適な練習

シャドーピッチングは、肩やヒジの負担が少ないので、故障の心配がなく、小学生のフォームづくりにはいい練習です。

まず、普通のタオルの端を結んでボールをつくります。そこをボールと同じように握って腕を振ります。鏡やガラス戸など姿が映るところがあれば確認しながらできるので最適です。庭など外の場合は、イメージをしながら行ってください。

鏡やガラス戸に姿が映る場合を説明します。

シャドーピッチングのチェックポイント

乾いたタオル(フェイスタオルがよい)の片端を結んで、ボールの代わりにする

鏡の正面に立って姿を映し、肩幅に印をつけ、その肩幅の中でピッチングをする

体が前（三塁側）や後ろ（一塁側）に倒れていないか、また腕が背中の方に出ていないかをチェックする

指の通るところ（一番上）に印をつける。そこを毎回同じように通過すれば腕の振りが一定している証拠

キャッチャーミット（目標）の印をつけ、そこから目線を離さない。ステップをその目標に真っすぐ踏み出す。親指を内側に閉じながら着地してヒザが開かないように我慢する

フォロースルーでは腕が左ワキの下にくるように振り抜く。左腕（グラブ）を左胸に強く引き寄せるようにすると、右腕と体も鋭く回転することができる

回転の良いボールを投げる
指先を鍛えてボールにスピンをかける

回転数が多いと、見た目以上に打者の手元で伸びるボールになります。ボールを浅く軽く握ると腕や手首、それに指がスムーズな動きをして多くのスピンをかけることができます。そして下半身主導で腕をムチのようにしならせて投げれば、ボールにスピンがかかってホップします。また、リリースの瞬間に指先に強い力を与えると確実に回転数は上がります。ただし、回転数の多いボールは反発力が大きくてよく飛ぶので、スタミナが切れてスピードがなくなると危険です。ですからピッチャーは野手の何倍も走ってスタミナをつける必要があるのです。

ランニングは足腰を強くする基本ですから、時間を見つけて走る習慣をつけましょう。また、キャッチボールの後には必ず遠投を入れてください。遠投は腕のスイングが大きくなるばかりでなく、腕の振りも速くなります。

指先の強化は家の中でできます。

① 左手にボールを持ち、右手の親指、人さし指、中指でボールを力いっぱい引っ張って指を鳴らす
② 軟式テニスボールを強く握ったり離したりする
③ 風呂の中でグー、パーを毎日200〜300回する

シュート回転やスライド回転を修正するには、シャドーピッチングを勧めます。シャドーピッチングは決して楽しいものではありませんが、正しい投球フォームを覚えるには欠かせない練習ですから、ぜひ実行してください。

左手にボールを持ち、右手の3本の指でつかむ

力いっぱい引っ張り、指を鳴らす

軟式テニスボールを強く握る

Column

軽い球・重い球

ピッチャーの軽い球、重い球というのは投げ方や握り方によって変わる球質のことです。少し難しいと思いますが、まずは球の軽い、重いを説明しましょう。

軽い球というのは、スピンの効いたキレのいい球といわれるもので、強じんな下半身を使って腕をムチのようにしならせて投げます。日本人ピッチャーに多い球質です。ボールを軽く握ることで腕や手首、指がスムーズに稼働して、強いスピンがかかります。しかし、スピン量が多い球は反発力が大きいため、バットに当たるとよく飛びます。試合の中盤以降、スピードが落ちてくると、軽い球はとても危険な球になります。

重い球というのは、ボールを強く、深く握ることで手首のしなりが制限されて生まれる回転数の少ない球です。手が大きく、腕力が強く、全身のパワーを使った投球をする外国人ピッチャーに多く見られます。剛速球を投げるメジャーリーグピッチャーの速い腕の振りは、筋力が強い証しです。スピン量が少ない重い球は反発力が低く、バットの芯で打っても意外に飛距離は出ません。打者にはずっしりとした感触が残ります。小学生のうちは、重い球を投げようとするよりも、正しい投球フォームを覚えてください。

フォームの修正　アーム式の投げ方
ヒジは肩の高さで90度以内に曲げる

ヒジをたためないと、手の位置が頭から離れてしまうので、アーム式の投げ方になります。正しいヒジの使い方を覚えれば、直すことができます。

ヒジは肩の高さで90度以内に曲げますが、初めから90度をつくる必要はありません。日本人のように全身を使って腕をムチのようにしならせて投げる投法は、肩を支点にしますから腕を速く（鋭く）振ることができます。それに比べると、アーム式はヒジよりも手が先に出るので腕の振りは鈍くなります。

アーム式の欠点は
①頭と腕の位置が遠いのでリリースがばらつく
②打者がボールを早くから見ることができる
③ヒジや肩が故障しやすい

などです。できれば修正してください。フォームを固めるにはシャドーピッチングがいいでしょう。筋力がなく非力な人でも肩やヒジに負担をかけないで繰り返せるので早く修正できると思います。

腕が伸びきってしまうと、強く振れない

腕をムチのようにしならせてリリースするのが理想

+1 プラスワンアドバイス

アーム式が全て否定されているわけではなく、パワーのあるメジャーリーグにはアーム投法のピッチャーは何人もいます。コーチはプラスの才能を伸ばすことに重点を置いて無理に直すことはしていません。日本のプロ野球にも同じようなピッチャーがいます。彼らもやはり直さずに特長として生かしています。

フォームの修正　ヒジが下がる
左足、軸足をチェックしてみる

いいピッチャーは、できるだけ打者に近いところでボールを放すようにしています。リリースまでの時間が長いと、打者は打ちにくいからです。しかし、ヒジが下がったままではボールを長く持つことができません。ヒジは耳の高さくらいが理想ですが、最低でも肩のラインまで上げます。ヒジが上がると、肩がスムーズに回転してボールを長く持てます。左足が着地したとき、ヒジは上がった状態でボールがセカンドの方向を向いているのが正しいフォームです。

投球フォームをチェックしてみましょう。
① 左足は腰の線より上がっているか
② 軸足に体重は乗っているか

この①②ができないと、着地が早くなるのでヒジを上げるのが難しくなります。

ヒジを上げる時間をつくってやるためには
① できるだけ左足を高く上げる
② 軸足（右足）のスパイクの真上に頭が来るように体重を移動させる

を心がけてください。これで、前方への突っ込みを防ぐことができ、ヒジを上げる時間をつくることができます。

ヒジが下がったままではボールを長く持つことができない

左足を高く上げ、軸足に体重を乗せる

ヒジを肩のラインまで上げることができる

フォームの修正　インステップ
目標に向かって真っすぐ踏み出す

インステップの程度にもよりますが、メジャーリーグでは開くよりは良いと言われています。しかし、インステップになると腰の回転が苦しくなりバランスが崩れますからコントロールがつきません。また逆に足が開くとヒザが割れたり、体重がスパイクの外側に乗るため、スピードが落ちるばかりでなくコントロールも乱れます。

正しくは軸足のかかととキャッチャーのミットを結ぶライン上に、つま先を少し内側に向けて着地します。そうするとヒザの割れを防ぎ、「タメ」ができます。インステップを修正するにはキャッチボールのときから気をつけます。マウンドと同じ要領で踏み出す足が真っすぐ目標に向いているかどうかを1球1球確認しながらキャッチボールをします。もちろんつま先やヒザ、左肩などのチェックも同時に行ってください。キャッチボールとピッチングで意識しながらやれば必ず直ります。

ステップする幅はスパイクで5足半か6足半が標準です。広すぎると体重移動がしにくいので気をつけましょう。ステップは体格や投げ方によって個人差がありますから、練習で自分のベストな歩幅を探してください。

インステップになると腰の回転が苦しくなり、バランスが崩れる

軸足のかかととキャッチャーのミットを結ぶライン上に着地する

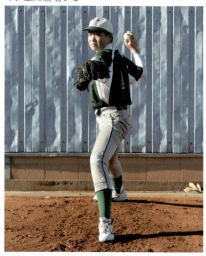

フォームの修正　テイクバック
壁を背にしてのシャドーピッチング

　テイクバックで無理に腕を後ろに引こうとすると、背中の方に腕が出やすくなります。左足を上げて前に移動するとき、グラブをはめている左手は前に、ボールを持つ右腕は自然に後ろに引かれていく感じでヒジを上げていきます。ガラス戸などに自分の姿を正面に映して、その肩幅の中でシャドーピッチングをしてみてください。どれくらいはみ出しているかが分かり、どれくらいの腕の引き方なら後ろに出ないかが確認できます。一番やさしい直し方は壁を背にしてのシャドーピッチングです。セットポジションでどれくらい壁から離れたら、ヒジが当たらないかを知ることができます。また、練習では棒か何かで正しいテイクバックのところを指してもらいながらピッチングをすると、意識しながら修正することができます。ヒジを引きすぎる人はサイドスローやアンダースローが適正と言いますから、どうしてもダメな時はフォームを考えてみてください。

無理に腕を引こうとすると、背中の方に出やすくなる

壁を背にして、ヒジが当たらないかをチェックする

フォームの修正　シュート回転
バドミントンラケットで正しい腕の振りを

シュート回転しているから、一概に悪い投げ方とはいえません。もともと正しい投げ方は、ボールをリリースした後の腕がシュートを投げたときのような動きをします。つまり、ボールを離すまで手は真っすぐキャッチャーに向いていますが、ボールが離れた瞬間から、手のひらが打者の方に向きながら左ワキに収まっていくのです。ですから、腕の振りは正しいのかもしれません。

チェックポイント

ボールの握りは正しいか

ステップしたヒザは開いていないか

左肩の開きが早くないか

右肩が早く正面を向いていないか

バドミントンラケットを使ったフォームづくり

投球フォームをチェックしてみましょう。フォームづくりには、肩やヒジに負担のかからないシャドーピッチングは効果的ですが、バドミントンのラケットを使ってみてください。正しい腕の振りをしないとラケットが正面を向かないのでよく分かります。

フォームづくりにはバドミントンのラケットを利用

↓

腕の振りが正しいとラケットが正面を向く

ヒジが肩のラインより下がっていないか

前方への体重移動のとき、上体が背中の方に倒れていないか

フォームの修正　担ぐようなフォーム
タメをつくるとヒジが上がる

小・中学生のピッチャーによく見られる投球フォームです。左足のステップはキャッチャーのミットと軸足の一直線上に真っすぐ踏み出すことは知っていると思います。ただ、最初からスパイクを真っすぐに向けて着地すると下半身の弱い小・中学生ではほとんどのピッチャーのヒザが割れます。

正しくはスパイクのつま先をやや内側に閉じながら着地し、できるだけリリースまで我慢をします。この左足のつま先とヒザを内側に絞ることでタメができるのです。左ヒザが開いているとタメができないしヒジも上がりません。前方への体重移動はできるだけ左足を高く上げます。そして左のお尻をミットに向けながら始動していき、着地でヒザや肩の開きを我慢します。足を高く上げ、タメをつくることでヒジを上げる時間ができるのです。

ヒザが割れた着地
左ヒザが開いてしまうとタメができず、しっかりとした体重移動ができない

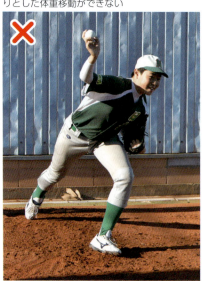

正しい着地
左足のステップはキャッチャーのミットと軸足の一直線上に真っすぐ踏み出す

フォームの修正　体が開く
左足親指のつけ根から着地する

小、中学生には、体の開きの早い人が多く見られますが、それは下半身が弱く正しい体重移動ができないからだと思います。軸足で体重を支えることができないため、前方への移動が早く、左肩も早く正面を向き、着地で左ヒザが外側へ流れる（割れる）フォームになります。前方への移動を左側のお尻をキャッチャーに向けながら始動し、左足のつま先を内側に閉じて、親指の付け根から着地する意識を持つと、ヒザの割れを防げます。修正するには、マウンドのような傾斜のある場所で、次の練習をしてください。

両足をステップした幅に開く

左足のつま先を真っ直ぐキャッチャーに向け、前、後ろと反動をつけて投げる

左足の親指のつけ根に力を入れてヒザを外側に流さない

上体が前（ベース寄り）や後ろ（背中方向）に倒れたりしない

この練習をするときは、軸足を高くして、左足に十分に体重がかかる姿勢で行います。平地の場合はブロックや板などを積み、その上に軸足を乗せて傾斜をつくります。どれくらい我慢すれば、ヒザが割れないかを体で覚えることが重要です。

変化球を覚える　カーブ
2種類のカーブ

最近は、カットボールやツーシームなど、小さく鋭く変化するボールが主流になっています。そういう意味でも大きく曲がるカーブをマスターすれば、ピッチングの幅が広がると思います。カーブは、ボールの握り方や投げ方で違ってきます。大きく分けると

①ごく普通に手首をひねって投げるカーブ
②ボールを抜くカーブ

があります。この2つの投げ方を教えますから試してみてください。

①は中指を縫い目にかける一般的なカーブの握りで、ヒジを前に出す感覚で腕を引っ張り、手首の甲が打者の方に向くように手首をひねります。ボールを離す瞬間に親指を跳ね上げるようにするとよく曲がります。

②は縦に大きく曲がる、ドロンとしたカーブになります。握り方は①よりもボールの中心からずらして指を縫い目にかけます。親指はただボールを乗せている程度です。そして①と同じように腕を前に引っ張っていきますが、手首をひねるのではなく親指と中指の間からボールを抜いてやります。腕を強く振るとボールがすっぽ抜ける感じですが、一度浮き上がってから落ちる、大きな縦のカーブになります。ボールを離す位置は顔の前が基準です。

一般的なカーブの握り方

2本の指を縫い目にかける握り方

ここから手首をひねる

親指と中指の間から抜くようにして投げる

変化球を覚える　スライダー
横に小さく滑らせる

一般にスライダーを覚えると、ストレートの威力がなくなるといいます。スライダーは、スリークオーターの方が投げやすく自然にヒジが下がってスピードが落ちるからです。また、スライダーを多投すると、体の開きも早くなるので注意してください。

スライダーはスナップをあまり利かせずに横に小さく滑らせるイメージの変化球です。握り方はそれぞれですが、ボールの中心をずらして握るのが基本です。

①中指、人さし指、親指の三本とも縫い目に掛ける
②中指だけを縫い目に掛ける
③三本の指とも縫い目を外す

などいろいろあるので自分に合った握りを探してください。

3本の指を縫い目にかける

中指だけをかける握り方

横に滑らせるようにして投げる

変化球を覚える　ツーシーム
回転が少なく不規則に変化する

ストレートは縫い目に指をかけることでボールにスピンがかかって回転のいいボールがいきます。しかし、どこかの指が縫い目から外れると、回転が少ないボールになって、空気の抵抗を受けることにより曲がったり落ちたりします。「ツーシーム」はこれと同じ理屈のボールです。

ツーシームの握り方を教えます。人さし指と中指の間を少し空け、縫い目の幅が狭いところの縫い目に2本の指が平行になるように握ります。親指は2本の指の真下の縫い目のトップの部分にかけ、薬指と小指は少し曲げます。この握り方で投げると、2本の縫い目が縦に回転するので、空気の抵抗が少なくなって不規則な変化球になるのです。

ツーシームの投げ方はストレートと同じです。しかし、空気の抵抗によって変化するので、投げる本人もどちらに曲がるのか、どんな変化をするのか予測ができません。変化が不規則なので、打者にとっては非常にやっかいな球種といえるでしょう。

縫い目に2本の指が平行になるように握る

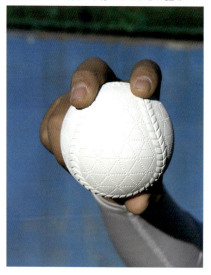

ストレートと同じ腕の振り方で投げる

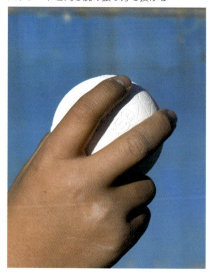

変化球を覚える　チェンジアップ
スナップを利かせないのがコツ

握りを少し変えるだけで何種類も投げることができますが、その中のひとつ、OKボールを教えます。

①親指と人さし指を丸めてOKをつくり、残りの3本の指でボールをわしづかみする
②ストレートと同じスピードで腕を振る
③手首を使わないで手のひらで押すようにして投げる

パームボールと同じようにふわっと浮いて、打者の手元で落ちる変化球です。スナップを利かせないのがコツ。トライしてみてください。

もうひとつ小学生のチェンジアップに似たスローボールの投げ方です。

①ボールを手のひらでわしづかみする
②親指と小指で軽く支える
③リリースの瞬間に残りの3本の指を浮かせる

ストレートと同じように腕を思い切り振って投げると、パームボールのようなスローボールになります。スローボールを投げるときはフォームが遅くならないように気をつけましょう。

親指と人さし指でOKをつくる握り方

手首を使わず、ストレートと同じスピードで腕を振る

変化球を覚える　スプリット
ストレートと同じ投げ方で

ＳＦＦ（スプリット・フィンガード・ファストボール）は指の短い人に適していると思います。この球種を約40年前に考案したメジャーリーグ、サンフランシスコ・ジャイアンツのロジャー・クレイグ元監督のミーティングをメモしたものがありますので、これをもとに説明します。

当時のメジャーでは横に曲がるカーブやスライダーは通用しなくなっていました。そこで縦に変化する球種が開発されたのです。新球種のＳＦＦはベース付近で鋭く落ちるため、あっという間にメジャーリーグで流行し、ほとんどのピッチャーが投げるようになりました。

【特徴】
①手の長さ、大きさには関係なく、普通の人の手の大きさであれば誰でも投げることができる
②投げ方がストレートと全く同じため、打者は見分けがつけにくい
③肩を痛めることが少ない

【投げ方】
①握りは指を広げてフォークよりも浅く、ストレートよりも広く握る
②オーバースローのピッチャーがいい
③握りは違うが自分の気持ちはストレートを投げていることが大切

【練習方法】
①目標としてキャッチャーの頭を狙って投げる
②最初はストレートを投げ、少しずつ指の間を広げていく。5、6球目にＳＦＦの握りをして調整していく
③自分の一番握りやすく、しかも変化する指の間隔を見つける

手が小さくても投げられるＳＦＦの握り方 　　　ストレートと同じ腕の振りで投げる

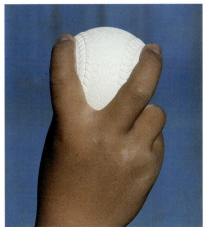

フォークの投げ方
強い腕の振りが必要

Column

メジャーリーグでは、ヒジや肩に負担がかかりすぎるために、フォークはあまり投げさせないと聞いています。まして小・中学生には負荷も大きく故障しやすいと思います。練習や試合でフォークを投げていい球数は決まっていません。すぐに痛めてしまう人もいるでしょうし、個人差があります。

フォークをよく変化させるには強い腕の振りが必要です。だから、ストレートが速い人ほど落差が大きくなります。どうしても投げたいときは、ＳＦＦをお勧めします。

フォークボールはＳＦＦより深く握る

サイドスローとアンダースロー
自分に合った投げ方を

サイドスロー
肩のラインから腕を大きく振り出すのがサイドスロー。オーバースローに比べて
・リリースポイントが右打者の背中側にくるので、横方向に角度をつけたボールが投げやすい
・目線が縦にぶれにくくコントロールがつけやすい
・身長が低くても効果的なピッチングができる
・肩関節への負担が少ないためオーバースローで故障したピッチャーが転向するケースがある

などのメリットがあります。

アンダースロー
肩のラインよりも下から腕を振り出すのがアンダースローです。浮き上がるストレートと意外な方向に曲がる変化球が魅力。投げ方そのものが変則的であるために下半身の安定性が必要です。ボールは自然に変化しやすいので、オーバースローのように際どいコースを攻めるのではなく、ストライクゾーンの中でピッチングをするように組み立てます。投げ方は
・テイクバックでは右ヒジを高く上げる
・ヒジを先行させながら大きくステップする
・腰を鋭く回転させる
・腰の回転で腕を振り、最後は腕を体に巻きつけるようにする

+1 プラスワンアドバイス
アンダースローはストライクゾーンの判断がしにくいので、ボウリングと同じように手前に目標をおいて投げるようにしてください。

打者を打ち取るテクニック
自分だけのくせ球を見つける

「くせ球」というのは、打者の手元で変化する打ちにくい球で、一般的に、ほめ言葉で使います。そのピッチャーしか投げることのできない特徴のあるボールといえるでしょう。

メジャーリーグのピッチング練習では、キャッチャーの捕りにくい球を投げると、コーチが「ナイスボール」とほめます。しかし、日本では「シュート回転している」とか「スライドしている」と指摘して、回転のいい球を要求する傾向があり、日本でプレーするメジャーリーグのピッチャーがいつも首をひねっています。「ムービング・ファストボール」というのを聞いたことがあると思いますが、直球が打者の手元で動くので連打が難しく、このようなボールを「くせ球」と呼んでいます。

また、フォークボールの握りを少し浅くして投げると、ストレートの軌道から打者の手元でストンと落ちる「スプリット・フィンガード・ファストボール」になります。ボールの握りを少し変えるだけで「くせ球」に変わります。ピッチングで一番大事なことは「打者が打ちにくいボール」を投げることですから、「くせ球」は素晴らしいボールなのです。ボールの握り方は何種類もありますから、工夫、研究して自分だけの「くせ球」をぜひ生み出してください。

無理のない範囲で、いろいろな握りを試してみる

肩・ヒジのケア
指導者はピッチャーのしぐさに注意を

試合後に軽くキャッチボールをしながら肩やヒジをほぐしてから、15分から30分アイシングをします。アイシングは投球後の疲労回復を早めるための適切な処置です。投球後にそのままにしていると翌日に肩やヒジがパンパンに張ったりするでしょう。それはピッチングによって筋肉の繊維が切断され、肩やヒジに流れてくるためです。これを防ぐのがアイシングです。

アイシングの他にはクールダウンをしてください。体全体の疲労を残さないように20分くらいの整理運動を行います。内容はゆっくりしたジョギングを5分、屈伸運動、伸脚運動、腰、股関節などの運動を5分、そしてストレッチを10分です。また試合後30分から1時間以内にオレンジジュースやバナナを食べると素早くエネルギーが蓄えられて疲労回復を早めます。夕食には分解された筋肉を元に戻すために魚・肉類などのタンパク質を多く取ってください。お風呂は血行を良くし、疲れを取り除く効果がありますから、特に投げた日はゆっくりと入り、そして睡眠を十分に取りましょう。子供はどこまで無理をすれば、故障をするかなどの判断ができません。キャッチボールなどを見て異変を見つけるのも指導者の役目です。

肩をぐるぐる回したり、腕を振っていたり、肩やヒジに手を添えてストレッチをしたりなど、普段とは違った様子に気がついたら何かがあると思ってください。おかしいなと思ったら、肩やヒジのチェックをしてください。1キロぐらいのダンベルある

試合後は軽くキャッチボールをして肩ヒジをほぐす

ピッチャーの肩ヒジの異変には指導者も気を配る

いはそれに代わる器具（水が入ったペットボトルなど）を手に持ってヒジを伸ばします。水平以上に腕が上がらないときは肩の関節に炎症があります。次にヒジを曲げて伸ばせないときは、ヒジの関節に炎症があります。

一般に肩を痛める大きな要因のひとつに肩の筋肉の硬さがあります。投球時の可動域は筋肉が柔軟なほど大きいといわれます。筋肉が硬い人が無理に大きく使おうとすると故障しやすくなるのです。1キロのダンベルを使ったトレーニングやチューブを使ったインナーマッスル強化をするといいでしょう。

最初は、あまりにも軽いので物足りないかもしれませんが、ゆっくりと動かすことで負荷が大きくなっていくので心配はいりません。

小学生でヒジを痛める原因としては

①正しい投げ方をしていない

②投げ込みなどによる肩やヒジの使いすぎ

の2つによるものが多く見られます。特に小学生では、自分のフォームがよく分からないので、監督に教わってください。正しい投球をするにはヒジが肩の高さよりも下がらないことです。ヒジが下がったまま投げていると肘関節の内側にゆるみが生じて痛みになります。ヒジの上げ方は耳の高さくらいが理想です。ヒジが上がると、肩関節がきちんと回転するので故障しにくくなります。

1キロくらいの重さで肩の異常をチェックできる　　チューブでインナーマッスルを強化する

試合前の準備
ブルペンではプラス思考で

どんなにいいピッチャーでも立ち上がりは緊張するので、ブルペンでは入念な準備をしておくことが大切です。その日のスピード、球のキレ、特に変化球のキレやコントロールはどうかなどをキャッチャーと確認しながら投球練習をしてください。ストレートが走っていれば安心できるし、ストレート中心の配球を考えたりすることができます。

プロ野球の先発ピッチャーは30球くらいで調整しますが、それでも納得がいかないときは50、60球投げることもあります。自分の納得いくような準備が必要ということです。試合前に自分の思うようにボールがいかないからといって、決して力んではいけません。怒ってイライラすると、マイナス思考が強まり持っている力の半分も出せません。「このボールを投げたら打たれる」ではなく、「このボールで抑える」とプラス思考に切り替えて準備することが一番大切だと思います。

アップの時間が短い場合、待機中に十分なストレッチや柔軟体操などを行い、グラウンドに入ったらすぐキャッチボールができる体をつくりましょう。

試合前は、キャッチャーと前向きなコミュニケーションをとろう

試合中にチェックできるポイント
5つのチェックポイント

気持ちが焦りがちな試合中にもできる、コントロールが乱れたときのかんたんなチェックポイントを、5つ教えます。

①**ステップの幅**＝ボールが高低に乱れるときは広すぎると高くなり、逆に狭くなると低くなる

②**ステップの方向**＝左右に乱れるときはキャッチャーに真っすぐ踏み出しているかをチェック。プレートの踏む位置を変えるのもよい

③**ボールの握りを変えてみる**＝いつもより軽く持ったり、しっかり握ってみたり、または少し浅く、あるいは深く握ったりするのも効果がある

④**足を高く上げてみる**＝前方への突っ込みが早く、タメがないときは有効

⑤**ヒジが肩のラインより下がっていないか**

コントロールが乱れるのは、ボールを離す位置がばらついたときです。

キャッチャーに好投している時と崩れた時の変化を指摘してもらうのも方法のひとつです。例えば

①ステップ幅とその方向は変わっていないか
②肩、ヒザは開いていないか
③ヒジは下がっていないか
④腕は振れているか
⑤ボールの勢いはどうか

などを聞いて修正してください。

自分の投球を把握し、試合の中で修正する

投球時の目線
投げ終わるまで目標から目を離さない

ピッチャーは投球モーションに入る時から、キャッチャーミット（目標）から目を離さずに投げるのが基本です。特に走者がいる時は、打者の動きを見てバントやスクイズなどに対応することが必要ですから、最後まで目を切ってはいけません。

一度目標を見れば、あとはイメージして投げればいいから、ずっと見ている必要はないと教える人もいますが、感心しません。自分の投げたボールを目で追うだけでもコントロールが乱れるくらい微妙なのですから、投げ終わるまで目標から決して目を離さないようにしてください。

例えば野茂投手の投球フォームは、プロ野球に入る前から、いろいろと議論されていました。私たちも「ピッチャーはキャッチャーのミットから目を離すな」と教わりましたから、野茂投手のトルネードを最初に見たときは驚いたものです。最近は、ノーワインドやセットポジションが多くなったので目を切る投手が比較的少なくなりました。プロ野球のコーチの中には、一度目を切っても構わないと教えるコーチもいます。どんな投手でもステップをする瞬間に必ずミットを確認して投球するからです。野茂投手もその感覚で修正していたと思います。

キャッチャーミットから目を離さずに投げるのが基本

投球後の守備
投げ終えたらその場で内野手の構え

ピッチャーの役目は投げるだけではありません。投げ終わったらすぐ、ピッチャーゴロやライナーに対する準備をするので5人目の内野手といわれます。本職の内野手は投球に合わせて低く構えて準備をしますが、ピッチャーは全力で投球したあとマウンドから駆け下りて構えることはできません。マウンドの途中の斜面で、しかもスパイクの跡で荒れているところでプレイをするので簡単ではありません。ある程度、腰高になるのはやむをえませんが、できるだけ腰を低くして構えます。腰が高いと思うときは両足を少し広めに開くか、ヒザを少し曲げるとグラブも自然に低くなります。構えるタイミングはフィニッシュで、左足（右投げ）に体重が完全に乗り、右足が自然に地面についた瞬間です。メジャーリーグには投げた勢いのまま横に大きく動くピッチャーがいますが、これでは簡単なピッチャーゴロでもヒットになってしまいます。投げたらその場でしっかりした内野手の構えをしてください。投げた後は右足がプレートに残っているくらいが良いという指導者もいますが、5人目の内野手として痛烈なライナーにも対応できる準備をすることが大切です。

投げ終えたら、すぐに守備の体勢に入る

できるだけ腰を落とし、内野手の構えをする

効果的なランニング方法
スピードアップには2種類のダッシュ走

走り込みは、ピッチング以外は走るのがピッチャーの仕事と言われるぐらい大事です。全体練習が終わってからも、長距離走（スタミナをつける）や短距離走（瞬発力を高める）などをひとりで走り込むくらいの努力が必要です。

大学やプロでは、100メートル往復の1分間走をよくやっています。100メートルを15〜18秒と決めて走り、残りの42〜45秒以内にスタートの位置まで戻ってくるのを繰り返す方法です。

これは、とてもハードな練習なので、小学生はすべてを2分の1か、3分の1に縮小して行えばいいと思います。例えば、30メートル往復の20秒走にして、30メートルを6秒で走り、残りの14秒以内で戻ってきて、20秒になるまで呼吸を整えるなどして再びスタートします。10本でわずか3分ちょっとですが、確実に強くなります。

スピードアップには短い距離のダッシュ走がいいでしょう。

①塁間（小学生なら23メートル）を10本、できるだけ大股で走る=足の遅い人

できるだけ大股で走るようにする

は歩幅が小さく、ヒザが高く上がらずに体の下で動いている。ヒザを前に引き出して、体の前で大きく回転するとスピードが出ます。私の野球教室では足の速い5、6年生の平均は塁間15歩。

② **10メートル×20本を、低い姿勢のまま体を浮かせないで一気に走る**＝スタートは陸上競技のように両手をついてもいいが、本数の半分は盗塁時のスタートと同じクロスオーバーステップ。インターバルを十分にとり、疲労が完全に回復してから次のダッシュ

いずれも全力で走らないと効果はありません。グラウンド以外では、ゆるやかな下り坂を利用するといいでしょう。自分の能力以上のスピードを筋力に覚えさせることで、平地でもそのスピードを出せるようにするためです。

速い球は「速い腕の振り」から生まれます。腕を速く振るには、手首、腕、肩そして強い足腰の筋力が必要です。強い上半身と強じんな下半身のバランスのとれた投球フォームが剛速球を生むのです。

低い姿勢のまま全力で一気に走る

投げ込みの数
小学生の全力投球は1日50球以内

ピッチャーの球速やコントロール、あるいは投球フォームや上・下半身のバランスなどは練習によって身につくものですから、投げ込みは必要だと思います。しかし、まだ骨格ができ上がっていない小・中学生は、球数を制限するべきでしょう。スポーツ医学会のデータを紹介します。ぜひ参考にしてください。

野球ヒジの発生は、11～12歳、野球肩の発生は15～16歳がピークといわれています。小・中学生の投げ込みが、いかに危険なものなのかを証明しています。その発生頻度がピッチャーとキャッチャーに圧倒的に多いのを見ても、使いすぎが危険なものであることが分かるでしょう。

医学的な立場からの練習日数と時間は、小学生で週3日以内、1日2時間を超えないこと、全力投球と投げ込みについては小学生の場合、1日50球以内で、週間では試合を含めて200球を超えないこととしています。中学生では1日70球以内、週350球を超えないこと、高校生は1日100球以内、週500球を超えないこととしています。

急成長期の小・中学生での障害の発生は、選手生命を絶つこともありますから指導者は十分な注意が必要です。

骨格ができ上がっていない小・中学生は、球数の制限が必要

捕手

構え方
安定した構えを身につけよう

キャッチャーの正しい構え方を教えます。

両足を肩幅よりやや広めにして、右足を左足のかかとくらいに引きます。姿勢は低く保ち、ミットは正面に構えます。私たちのころのキャッチャーは「ミットを立てて構えろ」と教わってきました。最近のミットは片手捕りに適したものが主流となり、捕球の仕方もずいぶん変わってきています。以前のようにワキを締めてミットを立てるのではなく、左ワキを少し開けて、ミットをやや横に寝かせて構えます。そうすることで、ミットをスムーズに動かせる範囲が広がって、どんな球にも対応ができるようになっています。

右手は、けがをしないように右太ももの後ろに隠します。

ミットの芯で捕り、いい音を出すには、まず正しい構えを覚えてください。

①ミットを体の真ん中で構え、ピッチャーが見やすいように気を配る
②力を抜いて楽に構える＝力を入れると体が硬くなり、ちょっとそれただけでパスボールしてしまう
③手首を柔らかく使う＝捕球の瞬間に少しミットを押し出すようにする

ピッチャーに信頼されるよう安定した構えを目指してください。

姿勢は低く保ち、ミットを正面に構える

手首、ヒジ、ヒザは動かしやすいように力を入れすぎない

かかとの上げ下げは自由だが、上げるならボール1個分くらい

右手はけがをしないように後ろに隠す

捕球の仕方
ボールをミットに当てるイメージで

最近のミットはシングルキャッチが楽なファーストミットのような形が主流になっています。その影響でヒジを上げてミットを横に使う人が多くなりました。基本はヒジを上げずにワキを締めて縦に使います。円の中心に向かって高めのボールは上からミットをかぶせるように、内角と外角のボールは横から内側へ押さえるようにして捕球します。

プロ野球のキャッチャーが最も気をつけているキャッチングのコツを、いくつか教えます。

①**ボールを捕りにいかない**＝ボールは向こうからやってくるので、ボールをミットに当てるイメージで受け止める

②**腕を伸ばしてしまわない**＝ヒジに余裕を持たせるとどのコースにも対応できる

③**ワキを締める**＝力士が両ワキを締めて押し出す形をイメージ

④**腕力をつける**＝ミットが投球に負けないように腕力を強化する

プロ野球のキャッチャーが一人前と呼ばれるのは、10万球くらい捕球してからといわれます。キャンプ中など、毎日マシンのボールをミットに当てて前に落とす練習をしています。もし、ミットが負けていればボールは目の前には落ちません。試してください。

+1 プラスワンアドバイス

「声」と「音」は、キャッチャーの大きな役目のひとつです。プロ野球キャンプのピッチング練習で、キャッチャーが「パーン」という音と同時に「ナイスボール」と大きな声を出しているのをテレビで見たことがあると思います。キャッチャーがミットでいい音をさせると、ピッチャーは調子の悪い時でも自信を取り戻すことがあるほどです。

ボールは向こうからやってくるので捕りにいかない

ミットに当てるイメージで捕球

ヒジに余裕を持たせると、どのコースにも対応できる

捕球練習を繰り返し、ミットがボールの勢いに負けないようにする

ショートバウンドの捕り方
後ろにそらさないことが大切

ショートバウンドは両ヒザを地面について確実に体で止めることが大切です。従って、捕るというよりも後ろにそらさないようにします。方法は

①両ヒザを構えたところから同時に（一緒に）そのまま座り込む。別々に折ってはいけない

②両ヒザを折ると同時に両ワキを締め、ミットを股間のすき間をふさぐように落とす

③ミットは地面に直角に立てる。そうするとミットがボールに対して正面を向き、ミットの捕球面が大きく開く

④右手は止めるだけなのでミットの後ろに置く

⑤横にそれた場合はボールに対して体が正面を向くようにホームベースの方向に体をひねる。体が横を向いたままで当たればボールが大きくはずむため。体の力を抜いて背中を丸めてボールを包み込むようにする。このときフッと力を抜くことでボールの勢いを吸収することができる

練習方法はコーチまたは選手同士で近い距離から、いろいろなショートバウンドを投げてもらい、ヒザの落とし方や力の抜き方を覚えます。数多く繰り返すことで、自分の近くに落とすコツをつかむことができます。うまいキャッチャーは三塁側にはじくといわれますが、それは走者の進塁を防ぐからです。

+1 プラスワンアドバイス

振り逃げは、無死または１死で一塁に走者がいないときの権利です。野球規則６・０５（Ｃ）の【注】に、無死または１死で一塁に走者がいた場合（一、二塁、一、三塁、満塁も同様）には、第３ストライクと宣告された投球をキャッチャーが後逸したり、または、その投球が球審かキャッチャーのマスクなどに入り込んだ場合でも打者はアウトになると記されています。
　２死の場合は、どんなケースでも振り逃げがあるので、キャッチャーは打者にタッチするか、一塁へ送球しなければいけません。リードに集中するあまり、状況判断を誤ることがありますから気をつけてください。

正面のショートバウンドの場合 　　## 横にそれたショートバウンドの場合

両ヒザを折り、ミットは地面に対し直角に立てる　　ボールに対して正面に向くように体をひねる

ミットと体で隙間をふさいで、ボールを前にはじく　　力を抜いてボールの勢いを止める

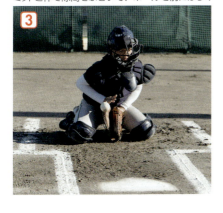

フットワーク・送球

ミットの芯で捕球し、ボールを素早く右手へ

二塁への送球

二塁へは捕球してからわずかな時間で、ボールの縫い目に指をかけて送球をしなければなりません。どんなに肩が強くてもボールの縫い目に指がかからなければコントロールはつきません。

基本練習

キャッチング＝いかに早く右手に持ち替えるかが勝負。ブルペンで、ただ受けるだけでなくミットの芯で捕り、素早く右手に持ち替えて返球する

フットワーク＝捕球後、右足を二塁方向に少し踏み出し、その右足と二塁を結んだ一直線上に左足をステップする。走者のスタートが見えたら、ボールがミットに入るほんの少し前に送球体勢に入るとリズミカルなフットワークで素早く送球することができる

捕球したらすぐに右手に握り替える

右足を二塁方向に踏み出す

左足をステップし、送球する

繰り返し練習し、素早く安定した送球を身につける

三塁への送球

右打席に打者が入っているときの三塁送球は、投球のコースによって、図のようにフットワークを使い分けて送球します。

内角球の場合（図1）＝打者の後方から三塁に送球する。二塁走者のスタートを見たら、腰を浮かせて準備し、捕球と同時に右足を左足の後ろにステップし（❶）、左足を三塁方向に真っすぐに踏み出して（❷）送球する

外角球の場合（図2）＝打者の前に出て三塁に送球する。二塁走者のスタートの瞬間に腰を浮かせて捕球姿勢をとり、右足を前に踏み出すと同時に捕球し（❶）、右足と三塁ベースを結んだ線上に左足をステップして（❷）送球する

プロ野球のキャッチャーの場合、内角球は捕球と同時に右足を引き、外角球は右足の着地と捕球が同時になるため、内角球に比べて外角球の捕球がわずかに早くなります。リズムはいずれもワン・ツーですが、小学生の場合は捕球が優先ですからステップ数が多くなっても仕方ないでしょう。練習のときからミットの芯で捕球する訓練をすれば素早く右手にボールを移すことができます。

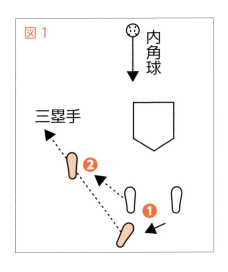

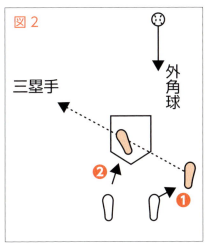

フライの捕り方

フライの性質を知り、安定した構えで待つ

まず、キャッチャーフライの性質を知ることが大切です。

自分の後ろに上がったフライはホームプレートの方に戻ってきます。前に上がったフライはピッチャーの方に逃げていきます。従って、いずれのフライもピッチャーに背を向けて捕球するのが基本です。左右、前方の小フライは振り向く余裕がないので前を向いたまま捕球します。

捕り方のポイントを説明します。

①マスクを素早く外して、フライと反対方向に遠く投げる
②ボールが自分の方に落ちてくるように向く
③両手を下げたまま楽な姿勢で待つ。早く構えすぎるとミットの動きが硬くなる
④足を肩幅くらいに開いて両ヒザを少し曲げる。ヒザが伸びきっていると、わずかな変化に対応できなくなる
⑤ミットのポケットを上に向けて顔の前で両手で捕る。ミットが邪魔にならないように気をつける
⑥風の強さや向きを常に頭に入れておく

上級者にもキャッチャーフライが苦手な人がいますが、共通しているのは背伸びをして捕球していることです。ボールは必ず落ちてきますから、安定した構えで待ちましょう。

+1 プラスワンアドバイス

キャッチャーフライは、激しく動いてからのシングルキャッチやスライディングキャッチなども多いので、常にミットの手入れをしておきましょう。

キャッチャーフライと判断したら、素早くマスクを外す

後ろへのフライはボールが自分の方に落ちてくるように向く

両ヒザを少し曲げ、楽な姿勢で待つ

早く構えすぎず、ボールが顔に近づいたら両手で捕球する

バント処理
ボールとの距離を近くする

バント処理の際、プロ野球やメジャーリーグには回転して投げるキャッチャーがいます。この方が素早く一塁へ向いて強いボールを投げることができるからですが、このプレイは確実性に欠けるので俊足の打者の場合に限られます。大学までのレベルでは一塁に正対する処理を勧めます。その方法は

① 転がる前方にミットを置いて右手と一緒にボールをすくいあげる
② ボールを捕るまでは絶対に目を離さないこと。先に走者に目をやると大きなミスをしてしまう
③ ゴロ捕球と同じ要領でミットを体の中心に収めるようにステップをすると送球が安定する

バント処理で重要なことはボールとの距離を近くにすることです。処理するときはボールの真上に頭が来るくらい接近して処理します。また、バント処理では決して野選（フィールダースチョイス）してはいけません。少なくとも打者走者を確実にアウトにします。これがバント処理の鉄則です。他にもバント処理ではピッチャー、サード、ファーストと入り乱れますから、大きな声で指示を出すのもキャッチャーの大きな役目です。

打者がバントの構えをすると、バットとボールが重なってプロ野球のキャッチャーでも一瞬打球を見失うことがあります。バントをしないの

バント処理はできるだけボールとの距離を近くする

ボールを右手に握り替える

にキャッチャーが後逸するのはほとんどこのケースです。対処法を教えます。
① バットとボールが重なったら、バットの下から見る。プロ野球では「下に潜り込む」と表現するほど、下から見るキャッチャーがおり、これは上から見るとボールを見失うから。特に変化球は完全に消えてしまう危険がある
② 最後までバットとボールが重なっていたらバントと判断する。逆に攻撃側で一塁走者の盗塁をアシストするためにエバース（ミット近くまでバントの構えをしてやめる）する選手がいて、キャッチャーが一番嫌がる動作

このほか、捕球しにくい打者の構えは
① 最初バントの構えをしていて、急にヒッティングに切り替える打者（バスター）
② セーフティバントでベースの前に出てくる打者

キャッチャーはバントの構えをされたら下から見て、ボールがバットに当たるまで絶対に目を離さないようにしてください。

ミットと右手でボールをすくい上げる

ミットを体の中心に収める

一塁方向へステップする

正確な送球を投げる

肩を強くする
遠投や低い送球で強化

私は小・中学生には遠投を勧めています。肩の強化はもちろんですが、遠投をすることで、腕のスイングが大きくなり振りも速くなります。

ある程度、投球フォームや骨格が固まってくる高校生以上には、遠投に加えて、チューブトレーニングもいい方法です。肩の筋肉群の外側をアウターマッスル、内側をインナーマッスルといいますが、肩を強くするには、この両方をバランスよく鍛えることが大切です。インナーを鍛えるチューブトレーニングは、プロ野球でも多くの選手が取り入れています。

ここでは、アウターの強化方法を教えます。

①**ダンベル使用。数種類のエクササイズがあるので、専門書を参考に行なう。最初は200〜300グラムの軽めのダンベルで行い徐々に重量を上げていく**
②**腕立て伏せ**
③**縄跳び**
④**前腕と握力強化**

いずれも家でもできますから根気よく続けましょう。

グラウンドでは、セカンドまでの距離（約33メートル）をワンバウンドでもよいから低くライナー気味のボールを投げてください。体が大きくなるにつれて肩も強くなっていきます。

遠投は肩を強化し、腕の振りも速くする

セカンドへは低いライナー気味の送球を投げられるように

打者を観察する
自分なりに相手打者の研究を

キャッチャーは、ピッチャーにサインを出して捕球するだけではありません。大きな仕事のひとつに打者の長所や短所などを観察することがあります。打者の構えや足の位置、スタンス、スイングの特徴などで、ほとんどのことを知ることができます。おもな観察ポイントを教えましょう。

①バットを立てている打者は低めに強く、寝かせている打者は高めに強い
②左肩がやや上がって構える打者はアッパースイングになりやすく低めが強い
③ベース近くに立つ打者は外角球に強く、遠く離れて立つ打者は内角球に強い
④クローズスタンスの打者は外角球しかも高めに強く、オープンスタンスの打者は内角球に強い

このようなことをサインを出すわずかな合間に観察します。もちろん、これらは必ずしもそうだと断定できるわけではありません。そういう傾向があるということですから自分なりに相手打者の研究もしてください。その打者が前の打席でどんな球を打ったか、どんな球で打ち取ったか、どんな球を空振りしたかなどを覚えておくとリードがしやすくなります。初対戦の相手の場合はデータが少ないので、自軍ピッチャーのその日の調子を早くつかむことも大切です。

打者の長所や短所などを観察する

投手をリードする
投手の性格に合わせてリード

リードで気をつけることは

①**ピッチャーのコンディションを把握する**＝体調はもちろん、調子がいいかどうか

②**相手打者の特徴で配球を決める**＝例えばクリーンアップと下位打線では初球の入り方を変える

③**ピンチのときはピッチャーの一番得意なボールを投げさせる**＝プロ野球のピッチャーは困ったときは「アウトロー（外角低め）」に投げろと指示することが多い

④**ストライクは中から外へと広げていく**＝際どいコースで打ち取る（勝負球が甘くならない）

⑤**打者の狙い球を外す**＝変化球のない少年野球では難しいと思いますが、変化球が交ざる中学ではとても大切な要素

ピッチャーがピンチに強いか弱いか、すぐ熱くなるタイプかなどを知っておくことで、ほめたり、なだめたりしながらピッチャーの性格に合わせたリードをすることが大切です。

ブルペンでピッチャーのコンディションを把握する

本塁でのクロスプレイ
正しい位置で送球を待つ

アマ球界のリーダーとしてジャッジをしている東京六大学野球の審判部に確認をしました。

①ホームベースの一角を必ずあけていなければならない
②タッチの動作をするとき、片ヒザをついてホームベースの前を隠す行為はペナルティ
③キャッチャーがホームベース付近で捕球した勢いで走者と接触、または衝突してもペナルティにはならない

これまではキャッチャーがベースをブロックしていたがために、走者が体当たりしたなどの危険行為によって数多くの選手が大けがをしてきました。①から③に注意して、危険防止のルールに沿ったプレイを心がけましょう。

送球がそれたときはベースを離れて捕球してから、走者にタッチするのが基本です。また、難しいバウンドになったときは、ベースにこだわらずにできるだけ前に出て捕球して走者にタッチします。アウトにできそうもないときは体で止めてでも後ろにボールをそらさないようにしてください。

本塁上のタッチプレイは必ず両手で行います。右手はボールをミットの中でしっかりと握り、体からあまり離さずミットの背の部分でタッチします。ミットが体から離れ、両腕が伸びた状態でタッチをすると走者の勢いでボールが飛び出してしまうので気をつけてください。

ホームベースをあけて送球を待つ

難しいバウンドになっても、確実に捕球する

右手でボールを握りミットの背の部分でタッチする

Column
左利きのキャッチャー？

選手の数が少ない学童チームではときどき左利きのキャッチャーを見ることがあります。数年前、甲子園で左利きのキャッチャーがいましたが、珍しいケースで一般的ではありません。

これは、1845年に最初のルールが右利きを対象につくられたからだと思います。打者は打ったら一塁へ走り、本塁まで左回りに走って得点します。もし打者が三塁から右回りに走っていたら、野球もきっと変わっていたでしょう。野球は誰がどのポジションを守ってもいいので、キャッチャーが左投げでも構いません。しかし、今のルールではデメリットが大きいでしょう。いくつか挙げてみます。

・盗塁に備えた構え＝走者一塁のとき、右と左では全く逆の構えになります。盗塁に備えた構えはやや半身でミットをはめた方の足を前に出しますから、右足を前に出す左利きは一塁走者の動きが見えにくくなります。

・二塁送球＝比率から見ても右打者が多いので不利です。有利な点を探せば、打者が左で二塁走者が三盗を試みた時の三塁送球くらいでしょう。

・タッチプレイ＝本塁のスライディングに対して、全て追いタッチになり、ブロックも弱くなります。

こうしてみると、やはり左利きの捕手は不利ですね。

打撃

バット選び
自分の体格に合ったバットを選ぼう

小・中学生で、すぐに大きくなるからといって体に合っていない長くて重いバットを使っている選手を見かけることがありますが、感心しません。バッティングは3割打って一流と言われるほど難しいものです。体格やスイングスピードに合ったバットを選んでください。

バットには、アルミ、ジュラルミンの金属や、カーボンなどの材質があります。カーボン製は軽くてしなりを利用してよく飛ぶようにつくられていますから、小学生や非力選手に向いています。体格のいいパワフルな選手は強度の高いアルミ合金やジュラルミンのバットを使うといいでしょう。硬くて遠くに飛ぶようつくってあります。

タイプ別のバット選びの一般的な基準を教えましょう。

①**長距離打者**＝グリップが細く、先端近くに重心があるバット。ヘッドの効いたスイングができる

②**ミート打法を心掛ける短距離打者**＝グリップがやや太めで手元に重心のあるバット。コンパクトに強く振ることができる

③**中距離打者**＝①と②の中間で中央部に重心のあるバット

バランスやグリップ、反発力などを細かくチェックして選んでください。

バットの長さは低学年で74、75センチ、高学年で78〜80センチぐらい、重さは560〜590グラムが平均です。

自分の打撃タイプをイメージして選ぶのも方法のひとつ

グリップの種類と握り方

左手はしっかり、右手は軽く握る

グリップの種類と握り方を教えます。

①**グリップ**＝ホームランを打つには遠心力が必要なので、長距離打者は細いグリップのバットを使う選手が多い。体が小さく非力な人はグリップの太い中調子のバットがよい。バットは打者の命なので振りやすいものを使う

②**バットの握り方**＝フィンガーグリップとパワー（パームともいう）グリップがあるが、両手の第2関節をそろえるフィンガーグリップを勧める。左の手はやや強めに握り、右手はミートするまで軽く添える感じで握る。そうするとリスト（手首）がよく利いてヘッドが走る

両手の第2関節をそろえるフィンガーグリップ

プロ野球選手には、両手の薬指と小指の4本に力を入れて握るくらいがちょうどいいと言う人もいます。楽に握ると、ヘッドスピードとパワーを生み出すからです。ときどき、人さし指を余して（伸ばして）いるのを見ますが感心しません。しっかりと全部の指で握ってください。

手のひらでしっかりと握るパワーグリップ

楽に握っておいて、ミートの瞬間には、両手をぐんと絞り、ボールの勢いに負けないようにグリップでしっかり受け止めます。右の手のひらの真ん中でボールを押し返すのです。かつて巨人の大打者だった長嶋茂雄選手が、テイクバックでいったん両手を離して、バットを握り直してから振り出しているのを見ました。余分な力を抜くことでヘッドスピードを上げていたのだと思います。

打席の位置と構え
外角にバットが届くところに立つ

少年野球のホームベースは幅が 38.1 センチ（大人は 43.18 センチ）、ボックスのラインとベースの間隔は 13 センチ（同 15.2 センチ）なので、外角までは 50 センチほど離れています。自分のバットと腕の長さを計算して、ホームベースの外角にバットの先が届くところに立つのがいいのですが、小学生はスクエア（平行）に踏み出す子が少ないので、少しベースに近づいた方がいいときもあります。

立つ位置は、バッターボックスの真ん中あたりがいいでしょう。カーブやスライダーなど変化球がある中学生以上になると相手ピッチャーの特徴によって立つ位置が変わってきます。例えば

①**ピッチャー寄り**＝変化球の多い技巧派ピッチャーに対して変化する前に打つ

②**キャッチャー寄り**＝速球派ピッチャーに対してはできるだけピッチャーから離れた方が有利

③**真ん中**＝速い球と変化球の両方に対応する位置だが中途半端になることもある

背の高さや腕の長さによってそれぞれ違いますから、ほかの打者のスパイクの跡を足でよくならして自分の立つ位置を探してください。

バットを持つ位置は、個人差がありますが、一番楽に持てるところです。私たちの野球教室では「傘を持つところ」と教えていますが、これは長時間傘をさしていても疲れないところがいいということです。

外角にバットを合わせる

ピッチャー寄りに立った場合　　キャッチャー寄りに立った場合

真ん中に立った場合　　バットは一番楽に持てる位置で構える

スタンス
基本はスクエアスタンス

私はスクエアスタンスが基本という考えで、小・中学生にはそう勧めています。各スタンスの特徴を教えます。

①**オープンスタンス**

長所＝顔がピッチャーに対して正面に近く、両目で見ることができるためボールを正確に見ることができる。体が開いているために右ヒジがスムーズに抜ける。つまり振りやすい

短所＝バックスイングで上半身の動く範囲が大きいので目線がぶれやすくなる。ぶれないように動きを小さくするとバットの振りが鈍くなり、いい当たりをしてもパワー不足になる

②**クローズスタンス**

長所＝右打者の場合、左ピッチャーの外角から内に入る球が見やすい。体が開くのを防げる

短所＝ピッチャーを斜め横から見るため確実性が落ちる。引っ張る意識を捨てて、センターから右方向に打つことが大切

スタンスの広さは肩幅ぐらいが理想です。そして軸足をしっかりと固定してください。

スクエアスタンス

オープンスタンス

クローズスタンス

+1 プラスワンアドバイス

私は普段はスクエアスタンスでしたが、左ピッチャーのときだけクローズで立ちました。その方がボールがよく見えたからです。プロ野球選手や外国人選手に多いオープンやクローズは長年の経験から工夫して身につけたものです。

ステップ
3種類のステップ

ステップ（踏み出し）は主としてすり足、足を上げる、ノーステップの3通りがあります。それぞれに特徴があり、一概にこれでないとだめというのはありません。プロ野球選手でもあれこれと試行錯誤しながら自分に合った打撃フォームをつくり上げています。特徴を説明します。

すり足＝構え（トップ）からミートまで上下のぶれが少なくミートしやすいといわれる。3000本安打の張本勲さんが代表的な選手

足を上げる＝一本足打法の王貞治さんに代表されるように、遠くに飛ばすのに適している。重心を軸足に乗せて一気にパワーをボールにぶつけることができるため、今では多くの選手が足を上げるようになった

ノーステップ＝体の動きが少なくミート率が高くなる。しかし、非力な選手は芯でとらえても弱い打球になり苦労する。中田翔選手やT・岡田選手のようにパワーヒッターでないと通用しない

トップのつくり方
ピッチャー寄りのヒジを伸ばしてつくる

トップとは、バックスイングからステップをしたときのバットの位置のことです。よく、肩を後ろに引いてトップをつくる人がいますが、肩を動かさずにピッチャー寄りのヒジを伸ばしてつくります。肩を引いてトップをつくり、ヘッドがピッチャー方向に深く入ってしまうと、振り出すときに後ろのヒジをたたむのが難しくなり、振るときにヘッドが下がり遠回りしてしまいます。

自分に合ったトップの位置を見つけるにはバスターが最も効果があります。プロ野球の選手がスランプになると、バスター練習を繰り返すのは、狂ったトップの位置を修正するためです。

バスターでいい当たりをするのは、バントの構えからスーッとバットを引いてトップをつくり、ムダなく打つことができるからです。要するにトップからミートポイントまで、バットを引いてきた同じ軌道を逆に振り下ろしていけばいいので、確実にミートできます。

トップの位置を高くするとヘッドが下がるのを防ぐことができます。トップは高めのストライクあたりが理想と言いますが、自分の振りやすいところを探してください。

トップをつくるときは肩を動かさない　　　ピッチャー寄りのヒジを伸ばしてつくる

バスターで自分にあったトップを見つける

ミートポイントに合わせて、バントの構えをする

ボールを見ながら、バットを引く

バットを引いてきた軌道をスイングすれば、ミートの確率が上がる

トップの位置は高くなり、スイングでヘッドが下がるのを防ぐ

タイミング
自分に合った取り方をマスターしよう

アメリカの指導者はバッティングで一番大切なのはタイミングと教えます。プロ野球のピッチャーはたくさんの変化球でタイミングを外すことを考えますが、少年野球は変化球がないので素振りと同じタイミングの取り方を教えます。

まず、構えが1（イチ）、バックスイングが2（ニィ）、打つが3（サン）、この1、2、3のタイミングを覚えてください。これが中学、高校と変化球のある上級者になっても基本になります。

タイミングの取り方には

①バットを持っている腕で取る
②足を上げて取る
③ヒザ、腰（下半身）で取る
④呼吸法で取る

などの方法があります。自分に合えばどれでもよいですが、目線のぶれが少ない静かな動きがよいと思います。メジャーリーグの打撃練習ではコーチが近い距離から緩いボールを投げます。打者はフォームを崩さずに左右に打ち分けます。それから普通の速さのボールを打って、緩急のタイミングを覚えています。自分に合った取り方をマスターしてください。

1、2、3のタイミングで

イチ＝構え

ニィ＝バックスイング

サン＝打つ

Column

木製バットの手入れ

　木製バットは、金属バットと比べてバランスがいいので打撃練習や素振りなどに適しています。金属バットには先調子、中調子、手元調子などバットによってバランスが違うので、正しい打撃フォームづくりが非常に難しいと言われています。重心がわずか1センチずれただけでも打球や調子に影響が出るからです。

　木製バットは、湿気を含ませず、乾燥もしすぎないように手入れすることが重要です。例えば、900グラムの重さのバットの場合、3～5グラムぐらいの増減を維持するように気をつけます。土の汚れなどは、ぬれた雑巾で拭き取ってから乾いた布で湿気を取って磨いてください。新聞紙で巻いてバットケースに入れるのもいいでしょう。

　私のころはまだ金属バットがない時代でした。今と違って白木のバットでしたから、練習が終わると、まず汚れを落として、木目（年輪）を締めるために牛骨や牛乳瓶で何度もこすったものです。仕上げにバットオイルを塗って陰干ししました。

　木製バットは、見た目より、材質や自分の体格に合ったものを選んでください。木目が縦に正しく走っているもので、芯の部分に節があるのを選びましょう。グリップの近くに節のあるものは折れやすいのでやめてください。

ミートポイント
スタンドティーを使ってポイントを確認

ボールの中心をミートする練習は、スタンドティーを使うといいでしょう。自分のミートポイントにボールを置き、そこにバットの芯の部分を合わせてからトップまで引きます。引いたのと逆の道を通してボールを打ちます。それがスイングの軌道です。バスター打法と同じ理屈で、トップの位置から最短距離にバットが出ていき、水平にボールを打ち返します。要するにボールの中心を打つことができるレベルスイングです。

ミート力を上げるための修正方法は

①**バットを少し短く持つ**＝大振りを避け、コンパクトなスイングをする

②**ヘッドが深く入らないようにバットを寝かせて構える**＝最短距離でバットが出る

③**下半身主導のスイングで反対方向に打つ**＝グリップが体の近くにあるためドアスイングや大振りを防ぐ

ポイントにバットを合わせてからスイングする

最短距離でバットが出ていき、水平にボールを打ち返す

バットを短く持って打つ　　　　　コンパクトなスイングができる

反対方向に打つスイング　　　　　グリップが体の近くにあるため、大振りをしない

スイングの軌道
ストライクゾーンの高低に合わせる

スイングの軌道は、ストライクゾーンに来るボールの高低によって、アッパー、レベル、ダウンとなります。どれかひとつだけということはありません。バックスイングからステップをしたときのグリップの位置をトップと言いますが、そのトップから振り出すときに、「バットの軌道」が高めはダウンに、真ん中はレベルに、そして低めはアッパーになるのが正しいスイングです。ですから、低めのボールを上からかぶさるようなダウンスイングで打ったり、高めを下からすくい上げるようなアッパースイングで打ってはいけません。

レベルスイングとは、バットを地面と水平に振ることではなく、ボールとバットの芯が水平（レベル）に当たることを言います。バッティングは、ステップをしたとき、肩、腰、ヒザを地面と水平に保ち、そのトップからミートポイントまで、ヘッドが無駄な軌道を通らないようにしなければなりません。できるだけ、肩、腰、ヒザを水平に回転させ、フォロースルーでは両肩が一直線になるようにしてください。

ダウンスイング — 飛距離が出やすいスイング

レベルスイング — バッティングの基本となるスイング

アッパースイング — 落ちるボールなどに効果的なスイング

ミートポイントで手首はやや立った状態になる　振り下ろすため、フォロースルーは大きくとれない

ミートポイントで手首は水平の状態になる　水平に回転し、両肩が一直線になるのがベスト

ミートポイントでは軸になる左手が上に　すくい上げるため、フォロースルーがとりやすい

正しい体重移動

構え〜フォロースルーをマスターし強い打球を

体重移動がスムーズにできると、打球が強い当たりとなって飛んでいきます。構えからフォロースルーまでの正しい体重移動を教えます。素振りのときも体重移動を意識してください。

構え
肩幅くらいに足を開き、両足に均等（右足5、左足5）に体重をかける。両足の親指でしっかりと地面をかむ感覚。かかとに重心をかけないように。背中の方に力が加わるとスムーズな体重移動はできない

テイクバック
投球にタイミングを合わせて、体重を後方に移動させる。右打者の場合、右足6、左足4になるようにする。この状態を、次のステップ（着地）まで保つ

ステップ

つま先をやや内側に向けて親指から着地。この時点では、まだ体重は後ろに残っていてバットはトップの位置にある。つまり、ピッチャー寄りの足は前方に、バットは後方にある、いわゆる「割れ」の状態。両肩、腰、ヒザは地面と平行。ステップ幅は小さめに。大きすぎると前足に体重が移りにくくなる

スイング

ステップをしてからスイングは始まり、着地したとき、バットの位置はトップにある。振り出しは下半身にリードされながら腰が回転を始め、上半身は後からついてくる。ここではまだ後ろの肩がしっかりと残っていることが大切。インパクトの瞬間は両足均等に体重をかける。前肩、腰、ヒザが同時に回転すると、バットをうまく振り抜くことができる

フォロースルー

強い打球を飛ばすのに絶対に欠かせないのがフォロースルー。右打者ならインパクト後から左足6、右足4になるように体重を移動させる。バットを振り切った後は左足に体重がほとんどかかった状態で、一塁へスタートを切る

レベルスイング
速い球や変化球を正確に打つことができるスイング

レベルスイングとは、ボールとバットが水平にミートすることをいいます。ただ単にバットが地面と水平になることではありません。高めの球をバットを水平にして打とうとすれば、伸び上がって、しかもグリップも上げなければならないでしょう。高めは普通にステップをして、グリップよりもヘッドを立てます。

ミートする角度はちょうど扇を広げたときと同じで、高めはグリップよりもヘッドが上、低めは下になるのが正しい軌道です。そしてスイングでは、バットをトップからミートポイントまで一直線に出していきます。このとき体が前に突っ込んだり、後ろに反りかえったりしてはいけません。体の軸を真っすぐにして腰を中心に回転させてインサイドからバットを出していきます。

ステップしたとき肩、腰、ヒザは地面と平行

バットとボールの角度は90度

右ワキを締めてバットをインサイドアウトに出す

体の軸を真っすぐにして、肩、腰、ヒザをできるだけ水平に回転

軸足に体重を乗せる
体の中心を軸にして強いスイングを

タイミングを外されたときに体が前（ピッチャー方向）に突っ込むことはよくあります。バッティングは、体の中心を軸にして（右打者なら）右側の肩、腰、ヒザが同時に回転するのが基本です。わかりやすく言うと、ステップしたときに前に突っ込むと、軸が崩れて肩、腰、ヒザの回転がバラバラになります。これでは手だけで打つことになり強いスイングはできません。プロ野球の選手でさえ、スランプになると上体が早く前に出ていきます。どうしたら直るか、いくつかの方法を教えましょう。打つポイントを近くすることで体の軸を中心に回転するようになります。打撃練習では右打者はセンターから右方向に打つことを徹底します。

バックスイングで体重を後ろ足にかける
しばらくは一本足打法になるくらい軸足に体重を移動させる

ステップ幅を少し小さくする
大きく踏み出すと、上体が前に出やすくなる

ステップしたときバットはまだトップの位置
踏み出しと同時にバットが出ていかないように気をつける

回転したとき、後ろ足（軸足）が前にずれない
軸足のかかとを上げて90度回転するときに、親指に力を入れてしっかりと踏ん張る

割れ（タメ）のつくり方
ステップとグリップが反対方向に動く

ステップのとき体は前に移動しますが、同時にバット（両腕）は逆に後ろに移動してトップをつくります。体の中心を軸にして前と後ろに分かれるわけですが、これを「割れ」といいます。ステップした足の位置とトップの距離が大きいほど、タメができて飛距離が出ます。要するにバッティングでは、ステップと一緒にバットが前方に出て行ってはいけないのです。正しい「割れ」ができると、ストレート待ちで緩いカーブが来てもトップを動かさずに我慢できます。カーブは1（イチ）、2〜の（ニィ〜の）、3（サン）のタイミングで打ちますが、トップの位置での「間」が「2〜の」になります。

割れと間の練習方法を4つ教えます。

バットを持たずに打つ構えからステップとトップの割れをつくる。プロ野球の選手もよくシャドーしている

素振りでは初めからトップの形をつくり、2、3秒止めてから振り抜く

ティー打撃で山なりのボールを投げてもらう　　上体が突っ込まないようにして打つ

① 　②

ティー打撃で前足に体重をかけて待つ　　緩いボールに合わせて後ろの足に体重を移動させて打つ

① 　②

フォームを固める
素振りを工夫し、力強いフォームに

素振りは打撃練習の基本中の基本です。グラウンドでできなかったことや欠点の修正、フォーム固めなどには欠かせない練習です。5秒間隔でフルスイングをしてください。重いバットはパワーを、軽いバットはスイングスピードを筋肉に覚えさせるのでより効果が上がりますが、普段使用しているバット1本でも十分です。

素振りのときの注意点として
①**両足の親指で立つ**＝親指とヒザを一体にして足の内側から力を出すようにする
②**腰、ヒザとバット**＝腰、ヒザの回転に乗じてバットを振る
③**目とバットの芯**＝ミートの瞬間をイメージして目を離さないで振る。また、球種やコースをイメージして振るのもよい

素振りは軸を中心とした力強いフォームを固めることができます。

5秒間隔でフルスイングする。ミートの瞬間をイメージし、目を離さないで振る

Column

ヒットエンドランと
ランエンドヒット

ヒットエンドランは学童野球でもよく使うのでみんな知っていると思いますが、打者はどんなボールでも打ち、走者はたとえスタートが遅れても走らなければなりません。ときには完全なボール球でも何とかバットに当てる努力をします。

しかし、ラン・エンド・ヒットはストライクだけを打ちますから、自分の打撃フォームを崩さずにベストスイングを心がけます。走者は盗塁と同じ動きをします。普通の盗塁はスタートが切れないときは走らなくてもいいですが、ラン・エンド・ヒットではジスボールで必ず走ります。

基本的には次の投球がストライクと読んだときに仕掛けますが、もし早いカウントで仕掛けた場合、打者はボール球を見逃すのでサインを出すベンチの判断が重要になります。多くは走者一塁または一、二塁でカウントが3－1か、3－2でサインを出します。走者のスタートが遅れても打者はストライクなら打ち、ボールなら見逃せばいいからです。

よく打者がとんでもないボール球に手を出して凡退することがありますが、見逃せばチャンスが広がるだけに打者のストライクかボールかの見極めが大切です。

速球を打つには
少し早めの始動をして準備する

速い球に振り遅れてはいけないと思うと、ステップのタイミングが合わずにバットだけが先に出てしまいます。速い球にはいつもより少し早めの始動をして準備をします。速い球への対応策はバッターボックスの一番キャッチャー寄りに立つのも良い方法ですが、ほかにも対策があります。

バットを短く持つ
バットをいつもより短く持つとスイングスピードが増し、速い球に対応できる。バットを短く持っても飛距離はあまり変わらない。むしろコンパクトに鋭くスイングできるので遠くに飛ぶこともある

バットを少し寝かせる
通常は立てて構えていても、速球ピッチャーには45度くらいに寝かせて構える。バットがボールに対して最短距離に出やすいのでよりシャープに振ることができる

反対方向に打つ
右打者はライト方向へ、左打者はレフト方向へ打つ。速い球は強引に引っ張ろうとすると、余分な力が入り鋭く振れない。反対方向へはトップからバットをボールにぶつける感じで出せば比較的簡単にミートすることができる。高めは上からひっぱたく感じで、低めはバットと腰をぶつける感じで打つ

ヘッドスピードを上げる
重さの違うバットで振り込む

　ヘッドスピードをアップさせるには「素振り」を勧めます。理屈抜きで、バットを振り込んでください。

　いつも使用しているバットと軽いバット（ノックバット）やマスコットバット（1キロ）があればより効果的な練習ができます。プロ野球の選手が練習のとき、よくマスコットバットで打撃練習をしています。あれは試合で自分のバットが軽く感じて振り切れるからですが、もうひとつ大事な目的があるのです。重いバットは体全体を使わないとうまく振ることができません。腕だけではだめなのです。腰を中心とした下半身の回転を使います。重いバットを振り切れるようになれば、バットが波を打つことがなくなり、ヘッドスピードがアップします。

　また、軽いバットを振るのは体の筋肉にそのスピードを覚えさせるためです。陸上選手が下り坂で走って、その速さを足の筋肉に覚えさせてタイムアップを目指していますがそれと同じ練習です。毎日300本以上は振りましょう。根気よく続けてください。必ずヘッドスピードは上がります。

マスコットバットは体全体を使って振る

ノックバットでスピード感をつかむ

飛距離を伸ばす
ロングティーで飛距離アップを目指す

プロ野球の打者は「ホームランはヒットの延長」と口をそろえます。それはどんなにパワー（力）があっても、バットの芯に当たらなければ打てないからです。長打は上半身と下半身をバランスよく使うことが必要です。メジャーリーグの打撃コーチは「バッティングとは速い腰の回転である」と下半身を正しく使うことで力強いパワーが生まれると教えます。そのためにはスイングをしたときに体の中心軸を真っすぐにして回転することが一番大切なことです。

上・下半身のバランス、軸回転、ヘッドスピード、パワーなど全てを身につける練習はロングティーがいいでしょう。外野に向かって思い切り打ちます。フルスイングで遠くに飛ばすとき、下半身がふらついてはいけません。

半分はいつものバットよりも重いバットを使うと、より効果が上がります。同じヘッドスピードの場合、軽いよりも重い方が、より遠くに飛ぶと力学的にも証明されています。家でも重いバットを速く振れるように練習しましょう。

トスされたボールを、外野に向かって思い切り打つ

下半身がふらつかないようにフルスイングする

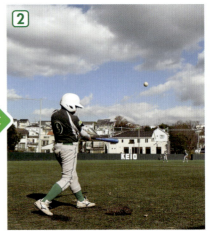

実戦で結果を出す
タイミングを外されたときにいかに打つか

練習でできることは必ず試合でできるようになります。逆に言うと、練習でできないことは試合でもできないということです。

バッティングで一番大切なのはタイミングです。ピッチャーはいろいろな球種を使って打者を崩しにきます。タイミングを外されたときに、いかに自分のフォームを崩さずに打てるかで、一流と二流の差が決まります。ロングティーで山なりの緩いボールを打ったり、1、2歩歩いて打つ練習をしてみてください。詰まったりしますが、どんな状態でもどんなタイミングでも体の中心の軸を崩さずに打つよう心掛けてください。

例えば「1死三塁、最低でも犠牲フライを打つ」のように、ふだんから試合を想定した練習をすることも大切です。

1、2歩進みながら、トスされるボールを待ち、体の中心軸を崩さないようにスイングする

打席での心構え
緊張を取り除く方法

どんなスター選手でも試合になると緊張するものです。プロ野球選手が行っている緊張を取り除く簡単な方法を紹介しましょう。

①**深呼吸をする**＝緊張による酸欠状態を解消して気持ちを落ち着かせる

②**ボックスに入る前に屈伸運動をする**＝イチロー選手をはじめ多くの選手が取り入れている

③**自分に話しかける**＝自己暗示でもいいし、何でもいいから話しかけることで気持ちが落ち着く

④**ゆったりとした動作をする**＝緊張は動きを早くし、筋肉が硬くなるのでできるだけ動作はゆっくりする

⑤**ストレッチをする**＝肩や首の筋肉を柔らかくするため、あくびのように大きく口をあけてストレッチをする

⑥**数秒間特定の筋肉に力を入れて脱力する**＝バットを力いっぱい握って、続いて力を抜く

⑦**大声を出す**＝高校野球などで打者がピッチャーに向かって「さあ来い」など意味不明の声を出しているが、不安を取り除く効果はある

もちろん何と言っても緊張をほぐす一番の薬は「自信」を持つことです。

技術的にはプロと違って対戦回数が少ないので「そのピッチャーの一番速い球」を頭に入れて打席に立ちます。

どんな打者でも変化球待ちでストレートを打つのは難しいからです。もし、逆に変化球待ちでストレートがきたらファウルで逃げる工夫をしてください。チャンスのときこそ積極的に初球ストライクから振りましょう。

自信を持って打席に入り、初球ストライクから積極的にスイングする

内角球の打ち方

右のワキを締めてバットを出す

内角の甘い球は、一番飛ぶ危険なコースですが、際どいぎりぎりのボールは上級者でもなかなかうまく打てません。それに比べて外角球はボールを内側から見ることができるのでヘッドが少々遠回りするドアスイングでも打つことができます。内角球の打ち方は技術的に難しいと思いますので、内角球が来たらファウルにするつもりで左足を開いて思い切り引っ張ってください。無理にフェアにする必要はありません。ファウルになればもう一度打つチャンスが来ます。

スタンスは、両足のヒザを結ぶ線がボックスのラインと平行になるように立つ
この線がセカンドの守っている位置の方を向いて、首だけをピッチャーに向けている人がいるが、この構えからバックスイングをすると内角球は見えにくくなる

バックスイングでバットのヘッドをピッチャー寄りに深く入れない
深く入るとヘッドが下がって遠回りをする

右のワキを締めてバットを出す
右ヒジを閉じてグリップをボールに向けて出していくと、ヘッドが体の近くを通り内角に対応できる

外角球の打ち方
バットのヘッドを遅れ気味に出す

好打者とは、内角球は引っ張り、真ん中はセンター中心に打ち返し、外角球は反対方向に打つといった具合にコースに逆らわずに打ち返せる打者のことをいいます。外角球を無理に引っ張ると、その分、打つポイントが前になってゴロになりやすいです。外角打ちは、中学・高校と進んで、カーブなどの変化球を打つときに絶対に必要な技術ですからしっかり練習して身につけておきましょう。

ステップ（左足）を外角へ踏み込む
体が開かないように気をつける

ボールを引きつける
ミートポイントが内角球に比べるとキャッチャー寄りなので、できるだけ引きつける

右方向へおっつける
右ヒジを体の近くに寄せてバットのヘッドをやや遅れ気味に出してボールにぶつけるスイングをする

腰の回転を我慢する
ステップしたときに軸足（右足）をベタ足のままにしておき、ミートの瞬間に右ヒジの送り込みと同時に腰と軸足を回転させる

ボールの内側を打つ
外角球はボールの球筋がよく見えるので、その内側を打つ

落ちる球の打ち方
右ワキを締めアッパースイングで

今の小中学生は２０００年以降の野球ですから、ピッチャーの変化球といえばチェンジアップを主にした縦の変化が主流です。

この低めの球を打つには昔風の「上からたたけ」式のダウンスイングでは打てません。ボールをできるだけ引きつけてイチロースイング（アッパー）で打ちます。正しいバットの角度は高めから低めへと扇形になります。いわゆる高めはバットのヘッドが立つ上から（ダウン）、真ん中はレベルに、そして低めはヘッドが下がるアッパースイングになるのです。低めはグリップを体の近くを通してインサイドアウトに打つゴルフスイングで良いのです。

体の軸を崩さないで近くまで引きつける

トップからグリップをボールにぶつける要領で振り下ろす

右ワキを締める（右ヒジをへその前に出す）

アッパースイングで打つ

左打ち、スイッチ転向の心得
体の右側でボールを見る

近年、イチロー選手の影響からか右投げ左打ちの子供が増えてきました。日本中といってもいいほど、その傾向にあります。しかし、最近はプロ野球でも左ピッチャーが多くなり、その関係で右打者が重宝がられています。左ピッチャーが増えれば当然右打者が必要になります。そのときに慌てなくても良いのがスイッチヒッターです。ですから私はこれまでも左打ちに変えたいとの相談者にはスイッチヒッターを勧めてきました。左打ちの選手は右打ちより一塁までの時間が0.1～0.3秒くらいの差が出ますから内野安打が多くなります。プロ野球の打率ベスト10に左打者が多いのを見てもいかに有利か分かるでしょう。

転向するためには、今まで以上にスイングや打撃練習をしなければなりません。まず、最初は左打席で投球を見る練習から始めるといいでしょう。ブルペンでピッチング練習の打席に立ったり、マシンでバント練習をしたりして体の右側でボールを見る感覚を覚えてください。慣れてくると上半身と下半身のバランスがうまく取れるようになります

左打者としてのバッティングフォームが固まるまでは、技術うんぬんよりも素振りを多く取り入れた「振り込み」が必要です。素振りを最低でも毎日300本は振らないと、左で打つのは難しいでしょう。全力で振って下半身がふらつかなくなって初めて、フリーバッティングでも打てるのです。

バントで目を慣らす

数多く振り込み、左打者のフォームを固める

逆方向に強い打球を打つ
ティーバッティングとロングティーで

反対方向へは

①ポイントはベース寄り

②両ワキを締める

③バットをインサイドに出す

が基本です。ステップした両足の真ん中が左打者の反対方向のミートポイントといいますが、そんなに近くでも振り遅れずに打てるくらいのバットスピードをつけることが重要です。

練習方法は正面から外角球のコースにトスをしてもらい、それを逆方向にフルスイングで打ちます。最初は2枚のネットを使用し、そのすき間からトスしますが、慣れてきたらロングティーで逆方向へ打つと徐々に飛距離が出てきます。

ネットを2枚並べ、その間からトスしてもらう

左打者の場合は左側のネットに当たるように打つ

+1 プラスワンアドバイス

右打者の場合、逆方向への技術をマスターするとヒットエンドランのできる選手として、チームでは外せない貴重な存在となります。普通のバッティングで逆方向に打つときは、体重を後ろ足に残したまま、ミートの瞬間に右ヒジを送り込むと同時に腰を回転させます。右打ちをよく「おっつける」と言いますが、グリップエンドをボールに向けながら振り出していくと、ヘッドが下がらずうまく「おっつける」ことができます。

バットを短く持つ
バットコントロールに最適

バッティングで大切なことはバットコントロールです。体が大きいからといってバットを長く持っている選手がいますが、自分の思うように振れなければ何にもなりません。スイングが波を打ったり、ヘッドが下がったりしては当てることも難しくなります。短く持つ利点は

①振り幅が小さくなりコンパクトなスイングができる＝芯に当たる確率が高くなる
②ボールを近くまで引きつけることができる＝変化球に対応できる
③速い球に強い
④内角球をうまく打つことができる

また、バットの芯は通常2センチくらいですが、短く持つと約5割アップすると言われます。ですから大きい人でも短く持つ方が得なのです。

バットを短く持ち、構える

コンパクトなスイングができる

+1 プラスワンアドバイス

小柄な人、非力な人には短く持つことを勧めます。大切なバットコントロールで、自在にバットを振るために、次の順序を覚えてください。
①ワングリップかワングリップ半くらい短く持つ
②右打者なら右肩の真ん中で45度くらいにバットを寝かせて構える
③軸足にしっかりと体重を移動させる
④ピッチャーに向かって真っすぐステップをして打つ
バットを寝かせると非力でもトップから最短距離で打ち下ろすことができます。

ファウルを打つコツ
本当に打つ気でファウルする

追い込まれてからファウルで粘って四球を選んだり、ヒットを打つ打者はチームにとってはとても貴重な戦力です。

ただし、打つ気がなくファウルしようとすると前に飛んでしまうことがあり危険です。また、故意にファウルするなど何球も続けてできないでしょう。甲子園で7球連続ファウルのあと四球を選んだ「カット打法」が話題になりましたが、打ち方によっては、高校野球特別規則で審判がバントとみなすこともあります。2ストライクからだと3バント失敗で三振です。本当に打つ気でファウルするのが真の「粘り」です。

もちろん、2ストライクに追い込まれてからは、ファウルにすることよりも、ボールの見極め、いわゆる「選球眼」が大事です。ボールを打たない目の訓練もしてください。

打つポイントを近づける
ポイントを近くにすると真ん中から外の球は比較的簡単にファウルできる

内角球はポイントをうんと前に
思い切り三塁側に引っ張る

軸を崩さない
前に泳いだり、後ろに反ったりしてはいけない

選球眼を磨く
練習から意識してボールを見極めよう

いい打者は「いい目」を持っているといわれます。野球でいう「いい目」とは視力のことではなく「バッティング・アイ」のことです。メジャーリーグのコーチは「頭を下げてスイングしなさい」と教えていますが、これはインパクトの瞬間までボールをよく見ていなさいということです。「ボールをよく見ろ」「ヘッドアップするな」「アゴを引け」などはみんな同じことです。頭を下げるだけでストライクとボールがよく分かります。私は、大学生には打撃練習のときにボール球を打たないようにさせて選球眼を磨く訓練にしました。練習でボール球を打つ人は試合でも必ず同じ過ちをするからです。

打者は「ピッチャーとキャッチャーの間（18.44メートル）の5分の1で明らかなボールか見極め、ストライクの場合は3分の1でコースを見極める。そして2分の1で打つと決断し、残りの3分の1でバットを始動させる」といいます。これをプロの140キロの投球で計算するとわずか0.145秒でストライクのコースを見極めて0.291秒でバットを始動、0.437秒で打つことになります。少年野球レベルでも判断を早くするのは同じですから、練習からボールを見極める習慣をつけてください。

打つ気で踏み込む

ボールと判断したら見逃す

フルスイングするには
スタンドティーで打つポイントを身につける

強いスイングをするには、体の軸がぶれてはいけません。自分のミートポイントまでボールを引きつけて、両足でしっかり踏ん張ってスイングしてください。投球モーションに合わせて体が前に出て行くと、手打ちになりフルスイングはできません。

スタンドティーを使うといいでしょう。スタンドティーは自分のミートポイントにボールを置きますから、打撃フォームを固めるのに最も効果があります。バックスイングで軸足に十分体重を乗せてフルスイングします。このとき、頭からお尻まで棒が刺さっているイメージで体を回転させることが大切です。上体が前に突っ込んだり、後ろに反ったりして打ってはいけません。何千球も打ち、打つポイントを身につければ、試合でもフルスイングができるようになります。

また家では素振りを欠かさないことです。早く本数を振るよりも、1回1回、間隔を置いて行ってください。5秒間隔で振ったとして、15分で180回。確実にヘッドスピードがアップします。毎日振りましょう。

バックスイングで軸足に十分体重を乗せる

上体のバランスに気をつけながら、フルスイングする

素振りは1回ずつ間隔をあけて行う

Column

非力な打者は・・・

プロ野球もそうですが、野球にはそれぞれ体格や能力に応じた持ち味があります。

体が小さくてパワーのない人は

・バットを寝かせて短く持つ＝コンパクトにシャープなスイングをする。バットを寝かせることで、トップからミートまで一直線に出やすい、高めに振り遅れない、などの利点があります。

・反対方向に打つ＝右打ちなら徹底してライトバッティングを心掛ける。走者の後ろに打てる打者はチームにとっては貴重な選手です。右打ちは投球の勢いを利用して打つことができるのでパワーがなくてもライナーが打てます。逆に引っ張ろうとするとすごい力を必要とするので力んでしまいます。また、右打ちに徹するとポイントが近くなり、ファウルで粘ることができます。

・バントを100％成功させる＝プロ野球でも体が小さくて「バントがうまい」と言われる選手が多くいます。体の小さな人はバントや走塁で同僚や監督から絶対信頼される選手になってください。セーフティバントも練習しましょう。

・気持ちでは負けない＝バッティングは気迫です。どんなエースがきても気おくれしない強い気持ちが大切です。

フォームの修正　体が開く
ステップ・スイングを見直す4つの練習方法

右打者が三塁方向へボテボテのゴロを打つときは、ほとんど体の開きが早くなっています。次のような要因が考えられます。

ステップと同時にバットが出ていく
上体が前に突っ込むとタイミングが早すぎて当たり損ねのゴロになる

引っ張りにいく気持ちが強すぎる
アウトステップして体が早く開く

極端なダウンスイング
右肩が早く前に出て右手がかぶりボールの上を打つ

ミートポイントが前過ぎる
手打ちになって引っかける

大学生も取り入れている修正方法を教えましょう。ステップでは、両肩、腰、両ヒザは地面と平行でなければいけません。スイングのときには体の中心を軸にして肩、腰、ヒザが同時に回転するのが基本です。

センターから右方向に打つ
左の壁をつくり体の開きを防げる。バットがインサイドから出る効果がある

緩いボールを打つ
右足（軸足）に十分に体重を乗せてしっかりと打つことができる

引きつける
体の中心の軸を崩さずに自分のポイントまで引きつけて打つ

ステップを小さくする
大きすぎると上体が前に出やすくなる

フォームの修正　ヘッドが下がる
バットを寝かせて構える

バットが下から出る原因のほとんどが構えにあります。右打者なら、ヘッドが頭の左側に入っていませんか。バットを立てて構えたとき、ヘッドがピッチャー寄りに入っていると、バックスイングで、さらに深く入ってしまいます。その結果、トップ（バックスイングから左足をステップしたときのバットの位置）からボールを直接たたくことが難しくなり、バットは遠回りして下から出ます。

バックスイングでバットのヘッドがピッチャー寄りに深く入っている

バットは遠回りして、ヘッドが下がってしまう

ヘッドが下がるのを防ぐ一番簡単な方法は、バットを右肩の上で45度くらいに寝かせて構えることです。そしてトップからグリップエンドをボールに向けて振り下ろしていきます。もちろん振り下ろすときはバットと同時に右肩、右腰、右ヒザを一緒に回転させます。そうするとヘッドが立って最短距離にボールをたたくことができるのです。もし、バットを寝かせるのが嫌で立てて構えた場合はバックスイングでヘッドがピッチャー寄りに深く入らないように気を付けてください。修正法として、鏡やガラス戸に姿を映してフォームをチェックしながら行ってください。

バットを寝かせて構え、トップをしっかりとつくる

グリップエンドをミートポイントに向けて振り下ろす

115

フォームの修正　バットが波を打つ
遅いボールを近くまで引きつけて打つ

「バットが波を打つ」という言葉は指導者が使う言葉で私もよく使います。波を打つとは、バットがトップからミートポイントまで直線的に出ていないことです。小学生で多いのはバットを長く持って、ヘッドがピッチャー側に深く入ってしまうことです。これではバットが波打ちます。少年野球では変化球がないので素振りと同じミートポイントまでボールを引きつけて打ちます。練習では遅いボールをバドミントンの要領で近くまで引きつけて打つようにします。体が前に出ていかないように気をつけて芯に当てることだけに集中してください。タイミングさえ覚えれば必ずできるようになります。

①バットを短く持つ　　②バットを寝かせて構える

などでも直せます。

素振りは体の中心（軸）を真っすぐにして振り抜いてください。毎日100本は習慣づけましょう。

ヘッドがピッチャー側に深く入っている　　　バットが遠回りをしてヘッドが出てこない

バットを短く持って構える

ヘッドが走り、バットコントロールがしやすい

バットを寝かせて構える

バットがトップの位置からミートポイントまで一直線に出ていく

フォームの修正　ドアスイング
壁やネットに近づいてスイングする

ドアスイングとは、振り出しのときから、グリップが体から離れて前方（ホームベース寄り）に出ていくためにスイングの輪が大きくなり、腕とバットが伸びた状態で打つことをいいます。

木製バットしかなかった時代は「バットの芯」で打つ練習をしていたのでドアスイングの人はあまりいませんでした。しかし金属バットは、「芯」以外の部分に当たっても飛ぶので正しいスイングの基本が崩れてしまいがちです。ドアスイングは金属バットの弊害と言われています。

グリップが体から離れるときには、壁やネットに近づいてスイングをすると修正できます。壁にバットが当たらないようにスイングをするには、右打者なら右ワキを締めながらグリップをトップからボールに向かって出さないといけません。こうすると、ヘッドが遠回りしなくなります。このときグリップを左ワキの方へ引っ張ると、確かにヘッドは体の近くを通りますが、インパクトで「こする」スイングになってしまうので気をつけてください。

壁に近づいて構える

足を上げ、グリップはトップへ

右ワキを締めながらグリップをミートポイントに向かって出す

振り出しでグリップが体から離れる　　　　バットと腕が伸びきったスイングになる

❌ 　❌

手首を支点にバットのヘッドを走らせる　　バットが壁に当たらないようにスイング　　繰り返し練習して、右ワキの締め方、グリップの動きを覚える

④ 　⑤ 　⑥

フォームの修正　アッパースイング
トップでつくったバットと左腕の角度を保つ

打ちにいくときに右肩が下がる、あるいは軸足が折れて上体が後方に倒れたりするとヘッドが下がって、アッパースイングになります。しかし、アッパースイングがいつも悪いわけではなく、必要なときもあります。ベルト付近よりも低いストライクを打つときはヘッドが下がっていなければいけません。要するに、ベルトよりも高い球はヘッドを上から（ダウン）、ベルト付近は水平（レベル）に、そしてベルトよりも下はアッパーで打つのが正しいのです。

スイングの基本を教えます。トップの位置からバットのグリップをボールに向けるように振り下ろしていくと、ヘッドが体の近くを通りミートまで最短距離の軌道をつくることができます。トップでつくったバットと左腕の直角（90度）を保ちながら振り下ろすのがコツです。この直角を維持したまま、右肩、右腰、右ヒザを同時に回転させていくと、右ワキも締まり、スムーズに振り抜くことができます。素振りをするときは両肩、両腰、両ヒザが地面と平行に回転するように意識して振ってください。

打ちにいくときに右肩が下がる

ヘッドが下がって、アッパースイングになる

トップでつくったグリップと左腕の角度を直角にする

角度を保ちながらバットを振り下ろす

軸足が折れて上体が後方に下がる

ヘッドが下がって、アッパースイングになる

スランプを脱するには
崩れている軸を直す

スランプの原因には精神的なものと技術的なものがあります。
精神的な原因は練習不足からくる自信喪失が多いのですが、技術的には軸が崩れている場合がほとんどです。軸が崩れるとタイミングが狂うので、泳いだり、あるいは逆に詰まったりします。バッティングはタイミングが一番重要です。どんなに理想的なスイングでも、タイミングが合わなければヒットは打てません。プロ野球選手のスランプ脱出方法例を挙げます。

打ち込み
シーズン中は他の選手よりも早出して黙々と打ち込む。監督やコーチに良いときのスイングを指摘してもらいフォームの崩れを修正する

バント練習
バントは目とバットの距離が近く、ボールがバットに当たる瞬間まで見ているので、スランプの原因である「目切りの早さ」を修正する

バスター
バントの構えからのヒッティングでバットの軌道や正しいミートポイントを見つける

ライト打ち
メジャーリーグ選手をはじめ、多くの選手が行う。ボールを長く見て、軸を安定させるので、フォームを固めるのに最も効果がある

Column

硬式球と軟式球

硬式も軟式も、バッティングの理論は同じですが、実際にはかなり違った打ち方になります。硬式ボールは軟式ボールよりも大きくて、しかも重いので、インパクトの瞬間はグリップ（両手首）に負荷が大きくかかります。それに打ち負けないためには、重いバットを振り回すだけのパワー（腕力）が必要になります。非力な人は、ある程度のスイングスピードが出るまではトップから最短距離に振り下ろすダウンスイングで打つといいでしょう。

例えば中学軟式で使うボールは、一般使用のボールよりもかなり軽くて小さいので、軽いバットや芯の部分がゴムで覆ってあるバットでも打つことができます。ボールの中が空洞のためにミートの瞬間につぶされて、バットに接している時間が長くなります。打った瞬間にボールがバットにくっついている感じがするのはそのためです。

軟式は遠心力の大きいドアスイングでも飛ばすことができますが、高校で硬式を始める場合は正しい打ち方を覚えましょう。高校入学まで、毎日10～15分でいいですから、硬式バットでの素振りを習慣づけましょう。

打球が上がらない
バットを少し浅く握り、手首を柔らかく使う

打球がドライブ回転するのはインパクトの瞬間に右手首が早く返ってしまうからです。バットが下から出たり、あるいは極端なダウンスイングを意識しすぎると右手がかぶってしまいます。このような状態を「こねる」と言いますが、バットの握りにも原因があります。

手のひらで深く握るパームグリップは右手を強く押し込んでいくため、良い当たりをしてもドライブがかかります。少し握りを浅くして（フィンガーグリップ）手首を柔らかく使ってみてください。バットがレベルに出れば、インパクトから手首は自然に回転し、当たる瞬間にわざわざグリップを回転させる必要はありません。

練習方法はスタンドティーが良いでしょう。伸びのある打球を打つにはボールの下半分を上からたたいてボールにスピンをかけます。スイングが波を打っているとスピンはかかりません。構えを今よりも少し高くして、グリップエンドから始動して振り下ろします。トップからミートポイントまでバットが最短距離に出るので強くたたくことができます。簡単にはできませんが、素振りでも意識して振ってください。

握り直すために一度指を開く

浅く握り、手首を柔らかく使う

いつもよりバットを高く構える　　トップから最短距離でバットが出る

ボールの下半分を狙ってバットを振り下ろす　　ボールにスピンがかかり打球が上がる

個人でできる練習メニュー
素振りやランニングで鍛える

3種のバットで素振り

3種類のバットを有効に使って素振りをしてください。軽いバットはヘッドスピードをつけ、重いバットはパワーをつけます。普通のバットと合わせて振ればいいでしょう。100本振るなら、30、30、40と分けて振れば、変化があって飽きることはないと思います。素振りする時の注意点を教えます。

①**足の親指に力を入れる**
②**両足の内側から力を出す**
③**腰の回転に乗じてバットを振る**
④**バットの芯がミートする瞬間に目を離さない**

よく目線が下を向いて、同じところばかりスイングしている子がいますが、目線はピッチャーの方向から当たる瞬間までをイメージして引いてきます。試合と同じように1球1球、コース、高さを考えながら振ってください。

素振りの効果は

①**バットの軌道が安定する**＝トップからミートポイントまで一直線に振り下ろすことができるようになる
②**軸がぶれなくなる**＝頭のてっぺんからお尻に棒が刺さっている状態をイメージして回転すると、下半身が安定して強く振ってもふらつかなくなる

5秒に1スイングくらいの間隔で振るといいでしょう。

長いバットがあれば、体全体を使う練習になる

軽いノックバットでヘッドスピードをつける

スタンドティー

グラウンド以外での練習は素振りが中心になりますが、ティーバッティング用のネットを置くくらいのスペースがあればいろいろな練習方法があります。私が勧めたいのは、スタンドティーです。打撃フォームづくりには最適です。斜め方向からトスをする2人1組のティーバッティングよりも効果があります。

次の①～⑥を頭に入れて、少なくとも毎日100本（5秒ごとに振っても10分以内）は振ってください。

①スタンスは肩幅でスクエア
②ステップ（踏み出し）は小さく真っすぐ
③ボールの位置は自分のミートポイント
④バットの振り出しはグリップをボールに向けながら
⑤バットが首と肩の間を通過する軌道を描く
⑥ヒザ、腰の回転をしっかりする

打ったボールは常にネットの中央部分に当ててください。

自分のミートポイントにボールを置く

ヒザ、腰をしっかり回転させてスイングする

ワキにタオルを挟んでスイング

私たちの時代でも、左ワキが開く選手はタオルを挟んでスイングをしました。グリップが体から離れたり（ドアスイング）、アッパースイングになると、ワキが開いたりしてレベルに打つことができません。そのために、リードする側（左ワキ）を開けないようにすることが大切です。

素振りはタオルを挟んでしますが、打撃練習では挟んでいる意識だけでも効果があります。両ワキは振り下ろしから右ワキが閉じていき、ミートの瞬間から左ワキが締まっていくのが正しい動きです。3000本安打の張本勲さんは紙1枚挟んでも落ちないくらいに締めることが大切と教えています。

振り下ろしは右ワキを閉じる　　　　　　ミートの瞬間から左ワキを締めていく

筋トレで下半身を鍛える

打者の体づくりは筋トレだけでなくても腹筋、背筋と足、腰などの下半身を中心に鍛えます。腕の筋力は普通に鍛える程度で良いのですが、腰や足は十分に鍛えていく必要があります。

バッティングはひとことで言うと「速い腰の回転」です。運動力学的にいえば足元からの力がパワーとなります。特に後ろ足の速い動きがパワーとなって表れるのです。足・腰・腕の順序でパワーが伝わっていき、そしてバットが最後に出ればバットコントロールがしやすくなります。腰の回転を速くするにはふくらはぎ、太もも、お尻などの下半身が強くないとできません。スクワットなどを中心に行うとよいでしょう。

走って下半身を鍛える

ピッチャー、野手に限らず野球は強じんな下半身が必要です。従って長距離走と短距離走をうまく交ぜて走るのが理想です。

長距離走は持久力いわゆるスタミナをつけ、短距離走は瞬発力をつける練習です。従ってピッチャーは長距離走を、野手は短距離走を主として行います。

長距離走はポール間走やロードワークで10キロくらいを走ればいいでしょう。短距離走はダッシュ走が最も効果があると思います。

10〜50メートルを一定の休憩を入れながら全力でダッシュを繰り返します。10メートル×10本、20メートル×6本、30メートル×5本、50メートル×3本とメリハリをつけます。ただ走るのではなくタイムを設定するとより効果的です。

スタートは陸上競技や盗塁の構えなど何でもよいのですが、1歩目は地面と背中が平行になるくらいの低い姿勢で踏み出します。

インターバル走で大事なことはダッシュの間に完全に疲労を回復させておくことです。疲労が残っていては何本走っても効果はありません。

1歩目は地面と背中が平行になるくらいの低い姿勢で踏み出す

腰の回転を速くするためにはスクワットを行う

バスター
ストライクをセンターライン以外へ転がす

バスターはほとんどが無死、または1死、走者一塁または一、二塁のときに行います。本来はバントで走者を進めたいが、相手内野手がバントシフトで近くまで前進してきたときに、バスターヒッティングをします。打つ方向はセンターライン以外へのゴロが最も効果的です。ピッチャー、ショート、セカンドへのゴロは併殺の危険があるからです。

バスターはバスターエンドランと違って走者が動かないので、バント同様、ストライクだけを打ちます。バントの構えからそのまま引いてトップをつくって打ちますが、バットをインサイドから出すので意外に簡単に打つことができます。また、バスターは

①ボールを長く、よく見る(ヘッドアップを防ぐ)
②コンパクトなスイング（大振りを防ぐ）
③軸がぶれない（突っ込みを防ぐ）
④バットのヘッドが立つ

などの利点があるため、上級者でも多くの選手がスランプ脱出法として練習しています。

バスター練習ではフライを絶対に上げないことを意識しながら、逆方向に打つ技術をマスターしてください。ヒットエンドランのできる選手として貴重な存在となります。

バントの構えをする

バットを引いてトップをつくる

コンパクトなスイングができる

Column

左対左対策

ひと昔前までは左打者対左ピッチャーのことなど全く問題にしなかったのですが、今では学童野球からプロ野球まで頭を悩ませています。

ひとつの理由として左ピッチャーを打つ練習が少ないことが挙げられます。特に少年野球では打つ本数も少ないので左ピッチャーに慣れるところまで行きません。

右ピッチャーの球は対角線上に長く見ることができますが、左ピッチャーは直線、あるいは外角へ逃げていく感覚になるのでその分体の開きが早くなります。

ステップ（踏み込み）をチェックします。右足が少々開いても右肩の開きを我慢すれば、バットをトップの位置から振り出すことができます。学童野球は変化球がないし、コントロールもアバウトですからあまり左対左を意識せず、今はいかに自分のフォームを崩さないで打つかが大切です。中・高になると外角のカーブやスライダーなどの対策が必要になりますが、変化球も右肩の開きをいかに我慢できるかがポイントです。

バント
バットにボールが当たるまで目を離さない

どのチームも、バッティングや守備の練習に比べると、バントの練習は少ないと思います。でも、バントは練習すれば誰でもうまくなりますから、もっと練習量を増やしてほしいものです。バットに当たるまで目を離さないことが大事です。送りバントは自分がアウトになって走者を進めることが目的ですから、確実に転がしてからスタートしましょう。

送りバント（ストライクバント）の基本を教えます。

①少年野球のバットは主に75～80センチだと思うので、左手はグリップエンドから15～20センチ、右手はヘッドより20～25センチの位置に親指と人さし指でVの字をつくるように握る

②ボックスのピッチャー寄りに立つ。フェアゾーンを広く使えるため成功の確率が高くなる

③少年野球はストレートだけなので、両足を開いてピッチャーに正対し、体を正面に向けて構える。ストライク、ボールの見極めがやさしくできる

④ヒザと腰を軽く曲げてリラックスする。両腕を軽く曲げ、バットはなるべく地面と平行にする

⑤目とバットの距離は近い方がいい。高めのストライクゾーンにバットを構え、それより下のボールをバントする

送りバントの基本的な構えは、高めのストライクゾーン

投球がストライクかボールかを見極める　　ストライクと判断したら、バントをしにいく

バットにボールが当たる瞬間も目を離さない　　ボールが転がったら、一塁へ走り出す

セーフティバント
相手との駆け引きも成功のポイント

セーフティバントは、犠牲バントと違い自分が生きるためのバントですから、コツというよりいくつかの鉄則があります。

①タイミングを早めに取る　　②ライン寄りを狙う
③芯を外して打球を殺す　　　④ストライクに近い球を狙う
⑤意表をつく

1、2番打者や足の速い小技のうまい選手が打席に入ると、内野手はある程度前に出てくるでしょう。自分が打席に入るときも相手がどれくらい警戒しているかを確認することが大切です。ファースト、サードが少々前に守っていても、ライン寄りに打球を殺せばセーフになりますし、構えを見て猛ダッシュしてきたときに打つ格好をすれば、次から簡単に前進してこなくなります。

タイミングを早めに取る

ストライクに近い球を狙う

バントしたら一塁へ全力で駆け出す

+1 プラスワンアドバイス

イチロー選手がメジャーリーグで活躍できたのは、足の速さと絶妙なバントヒットがあったからです。内野手が浅く守ってくれれば、間を抜くヒットの確率が高くなります。また、セーフティバントがうまい選手は「やるぞ、やるぞ」ではなく、いかにも打ちそうな構えから意表をついて成功させています。打席でのそのような雰囲気づくりも研究してみてください。

スクイズ
最低でもファウルにする

スクイズは絶対に失敗は許されない犠牲バントです。どんなボールでもバットを出さなければなりません。見逃したり空振りをしたりすれば走者は確実にアウトになります。三塁走者はスタートを切っているので、最低でもファウルにすればまだチャンスが残ります。

スクイズのケースは相手のベンチでもある程度は予測していますから、打者と走者は気づかれないように、いつもと違う態度や、サインを忘れて確認したりしてはいけません。プロ野球でも三塁コーチャーに聞きに行ったりすることがありますが、これでは監督もサインを出しにくくなります。

三塁走者はピッチャーのステップした足（右ピッチャーなら左足）が着地したときにスタートを切ります。一方、打者はそれより少し遅くボールがピッチャーの手から離れた瞬間にバントの構えをするのがベストです。万が一、ピッチドアウトされたときはバットを投げ出してでもファウルにできれば最高です。スクイズの練習はバッティングのときに何球か必ず入れてください。

ピッチャーの手からボールが離れたらバントの構えをする

ストライクゾーンに近いボールは確実に転がす

外された場合にも慌てずにボールをよく見る

バットを立てて、最低でもファウルにする

Column
バッティングセンターでの練習法

バッティングセンターのマシンはコントロールがよく、個人のレベルに合わせてスピードを変えることもできるので、打撃の技術を向上させるにはとてもいいと思います。イチロー選手が子供のころ、バッティングセンターに通っていたのは有名な話ですが、大学やプロ野球の選手もほとんどが通っていたと聞いています。

最近は、バーチャル式もあって、投球モーションに合わせることができるので、バックスイングやバットの軌道など、意識を持って打てば、かなり効果が期待できます。

ひとつの練習法を紹介します。

（1）最初はベースから少し離れて、外角にポイントを決め外角打ちだけをします。悪い当たりとか結果をあまり気にせず、右打者ならば全部右打ちです。両ワキが締まって、バットがインサイドアウトに出てきます。

（2）次は、ボールが出てくるマシンめがけて打ち返します。最もヒットの確率が高いセンター返しの練習です。

（3）この後、ベースに近づいて内角打ちをします。

ちょっとした工夫をすることで、各コースの打つポイントやバットの出し方を覚えることができます。レベルアップするごとに90キロ、100キロ…とスピードを上げていけば、自然にバットの振りも速くなっていくでしょう。

守備

グラブ選び
素手と同じ感覚が必要

グラブの大きさには制限があり、野手用はタテの長さが 30.5 センチ以下で、ヨコ幅は 19.7 センチ以下と決められています。自分の体格に合った大きさと重さのものを使うことが大切です。今のグラブは品質も良くてポケットが広くつくってあるものが多く、しかも革が柔らかく 2、3 日ですぐ使えるようになって片手でも簡単に捕ることができます。

内野手は、やや硬めのグラブに、キャッチボールなどで芯をつくっていきます。キャッチボール以外では、右手にボールを持ち、グラブの中心部に打ちつけて柔らかくします。これは、両手で捕るくせをつけるチャンスにもなります。ボールが入った瞬間に、右手をグラブの上からフタをするようにかぶせると、より確実により速いプレイができるようになります。

成長期だからと、大きなグラブを使っている選手をよく見かけますが、それではいつまでたってもボールをつかむ感じを身につけることができません。グラブは手の代わりをするものですから、素手と同じ感覚が必要です。プロ野球の内野手はダブルプレイなど機敏な動きをするために比較的小さめのものを使います。

自分の体格に合った大きさ、重さのグラブを使う

キャッチボール
「正確さ」と「速さ」身につけよう!

初めは片手で捕る練習をしてください。ゴロ、高い球、低い球すべてを片手で捕るのです。そうすると、グラブにボールが入った瞬間に「つかむ」「ボールの勢いを殺す」ことが自然にできるようになります。

初めから両手で捕れと指導する人がいますが、両手捕りを意識しすぎると、先に利き手を出して突き指したり、利き手をグラブの後ろに添えたりします。このくせがつくと、なかなか直らないので特に気をつけてください。

日本の選手が、米国や南米の選手に比べてハンドリングが下手なのは、小さいころから型にこだわり、動きの硬い両手捕りを強調しすぎるからだと言われています。グラブを自由自在に使えるようになることが先決で、片手捕りに慣れたら、次に「ボールがグラブに入ったら右手でフタする」ことを意識しましょう。こうすると、自然に両手で捕る動作になります。

捕球が確実にできれば、投げる動作もスムーズになり、守備の大きな目標である「正確さと速さ」が身につきます。

まずは片手で捕る練習を

片手捕りに慣れたら、捕球してから右手でフタをする

右手でフタ＝確実な捕球で、送球もスムーズに

内野手 守備の構えから打球を追う
一連の動作をスムーズに!

軟式と硬式はバウンドの仕方が違いますが、基本は同じです。

構　え＝腰とヒザを軽く曲げて低く構え、重心を両足の親指にかけて投球と同時にかかとを上げて準備

スタート＝目線が上下しないようになるべく構えの高さからスタート

左右のゴロはクロスオーバーステップが基本ですが、最近は打球方向の足を小さく踏み出してからスタートをする選手も多くなりました。盗塁時のスタートと同じで自分が早く動ける方で良いでしょう。

正面のゴロの場合

腰とヒザを軽く曲げて低く構える

投球と同時にかかとを上げて準備

横のゴロの場合

腰とヒザを軽く曲げて低く構える

打球方向に小さく踏み出す

+1 プラスワンアドバイス

日本の野球界に「シンキング・ベースボール」を持ちこんだ元南海ホークスのドン・ブレイザー選手は試合のとき、ときどきグラブを地面につけて構えていました。低い構えと同時にグラブを下から出す準備をしていたのです。彼は守備の名手としてメジャーリーグでも有名な選手でした。

構えの高さからスタート

目線が上下しないように注意

左足をクロスさせ、ボールを追う

グラブを下げ、捕球の体勢へ

内野手 ゴロの捕球
素手での捕球練習で基本を覚える

捕球の際、グラブはどんな打球に対しても正面を向けます。両足を肩幅くらいに開いて低く構えて、正面のゴロは踏み出した左足の内側で受け、グラブに入った瞬間に右手でフタをすれば、確実に捕球することができます。また、ステップの間に右手に握り替える一連の動作もスムーズにいきます。守備の基本である、正確さと速さは、両手で捕ることから生まれます。

素手での捕球練習

この動作の中で、ボールをよく見る、ボールをつかむ、両手で捕る、正しい構えなどを自然に身につけることができます。

2人1組で3メートルぐらい離れて、互いに向き合って守備の構えをする

互いにゴロを転がし、素手で捕る 捕球は必ず両手で行い、片方の手が上からフタをする

+1 プラスワンアドバイス

私はプロ野球に入ったときに、ゴロは「アゴで追いかけろ」と教わりました。アゴに目がついている感じで打球を追うと、顔は正面を向き、ボールをよく見るからです。打球は上からのぞき込むのではなく、下から見上げるようにすると目線が真下を向くことはありません。

グラブでの捕球練習

グラブをはめて、素手と同じような感覚で練習をします。

打球は下から見上げるように追う

グラブを打球に対して正面に向ける

グラブにボールが入った瞬間に右手でフタをする

グラブを引き上げながら、ボールを右手に握り替える

内野手　ステップ・アンド・スロー
捕球から送球までの大切な動き

スローイングの基本はステップ・アンド・スローです。捕球したら必ずステップをして送球します。この基本はプロ野球でも同じです。

基本は、例えばサードが一塁へ送球する場合

①右足の内側のくるぶしを一塁ベースに向けて踏み出す

②その右足と一塁を結んだ線上に左足を真っすぐにステップする。左足のつま先は目標に向けて真っすぐ

これで目標が決まりますから、あとは正しい投げ方をすれば送球が乱れることはありません。ピッチングと同じ要領です。両足がクロスしたり開いたりすると、目標が定まらずいい送球はできません。この練習はキャッチボールのときから気をつけることです。相手に対して真っすぐ向けた線を地面に1メートルほど書き、その線上に左足を正しく乗せて投げます。

+1 プラスワンアドバイス

ゴロ捕球とステップの練習は、近い距離からボールを転がします。捕球が1（イチ）、ステップが2（ニィ）、送球が3（サン）。この1、2、3のリズムを繰り返し練習すると、ステップと送球のバランスが取れるようになります。毎日10分でもいいですから続けてください。

右足の内側のくるぶしを一塁ベースに向けて踏み出す

ボールを体の中心に収める

ボールを握り替え、ヒジを引き上げる

右足と一塁を結んだ線上に左足をステップ

右足から左足へ体重移動をしながらスローイング

正確な送球がいくようになる

内野手 一塁手
確実な捕球がアウトにつながる

ファーストは、野手からのいろいろな角度のボールを確実に捕球できなくてはいけません。内野ゴロが飛んだときは、できるだけ早くベースに入って、余裕をもって捕れる姿勢で待ちましょう。

基本的な捕球
①**ベースの踏み方**＝慣れるまではミットをはめていない方の軸足でベースを踏む
②**捕り方**＝余裕のある正面のやさしい送球は体をあまり伸ばさずに両手で確実に捕る
③**右にそれたとき**＝（右利きの場合）右足をベースにつけて、左足を踏み出しミットをいっぱいに伸ばして逆シングルで捕る
④**ベースから送球が大きく離れたとき**＝ベースにこだわらずに捕球してからベースにつく

ショートバウンドの捕球
できるだけバウンドした場所に近いところで捕るのが基本です。
①**正面の場合**＝ミットにボールが入る瞬間に、両ヒジを体の中心に引きながら捕る
②**左右にそれた場合**＝ミットを突き出すようにして捕る

ハーフバウンドの捕球
最も難しいバウンドです。むやみに前に出るのではなく、バウンドに合わせてベースの方に下がりながら捕球します。ファーストは確実な捕球とベースタッチが原則ですが、送球がそれた場合はまずは捕球を優先させることが大切です。

様々な角度の送球を確実に捕球する

内野手 二塁手
頭脳的プレイで内野を引っ張ろう

セカンドは内野手の中でも中心的な動きをするポジションです。特にバント守備やカットオフプレイ、ダブルプレイなど、セカンドの頭脳的なプレイが勝敗を左右することがしばしばあります。守備位置は点差、イニング、打者の特徴、アウトカウントなどによって変わります。常に次のプレイを予測して守ることが大切です。

基本的な守備位置
①**走者なしの場合**＝打者が右か左か、引っ張りか流しか、あるいはごく普通か。例えばクリーンアップの左打者や足の遅い打者の場合はやや深めに守り、逆に俊足ならば浅く守る

②**無死走者一塁**＝バントかまたは打ってくるかもしれないのでダブルプレイが取れる位置（浅く）に守り、バントの構えを見たら一塁寄りに動き、バントされたらダッシュして打者走者よりも早くベースカバーに入る

③**盗塁時の守備**＝ショートとどちらがベースに入るかをサインで決め、セカンドが入るときは投球前に２、３歩前に出て守る

④**走者二塁**＝ヒットを防ぐための位置に守り、ピッチャーとのサインプレイで走者をけん制する

最低限必要なプレイ
①走者なしでのサードゴロやショートゴロはファーストのバックアップをする
②バントされたら必ず一塁のベースカバーに入る
③ピッチャーとのけん制プレイ（サインプレイ）を覚える
④盗塁時のベースへの入り方とタッチプレイの習得
⑤一・二塁間、二・三塁間のランダウンプレイ
⑥長打のときの中継プレイ（カットマンやトレーラーとしての役目）

併殺プレイでは捕球から素早く送球へ

内野手　三塁手
どんな打球にも向かっていく気持ちで

サードは打者から近く、速い打球が飛んでくるため勇気がいるポジションです。ボールを怖がらずに常に向かっていく気持ちで守ってください。

基本的な動き
①**低く構える**＝打球を下から見ると恐怖感が減る。左右の1歩目を低い体勢で早く動くことができる

②**ゴロは前に出て捕る**＝イレギュラーの確率を少なくできる。送球の体重移動をスムーズにできる。特に軟式の場合、高いバウンドも多いので下がって捕ると間に合わない

③**ステップをして送球する**＝体に当てて前に落としたり、ファンブルしたりしたときも必ずステップをする

最低限必要なプレイ
①走者なしのときはやや深めに守り、無死、走者一塁でバントに備えるときはベースよりも浅く守る

②左打者のときは、やや三遊間寄りの浅めに守る

③試合の後半で、同点または1点差リードのときはライン際に守って長打を防ぐ

④走者二塁でレフト前ヒットのときは、本塁送球のカットマンになる。外野手とキャッチャーとの一直線上に位置し、キャッチャーの声の指示に従ってプレイする

⑤スクイズの可能性があるときは、走者の動きを注視する。走者のスタートと同時に前進して備える

しっかりステップして送球する

内野手　遊撃手
フットワークを身につけ、守備範囲をひろげよう

ショートは内野手で一番動きの多いポジションです。

守備範囲を広くするには機敏なフットワークが必要です。よいスタートを切るには構えが大切で、構えの基本は次の3点。

①両足を肩幅より少し広くして、腰とヒザを軽く曲げて低い姿勢をとる
②両手を楽にしてヒザの下くらいまで下げる
③重心を両足の親指にかけ、投球と同時にかかとを上げて準備をする

目線が上下しないように、構えの高さから踏み出してください。ゴロ捕球は体の中心が基本なのでフットワークを使ってできるだけ正面に入る努力をしますが、それでも正面に入れないときは逆シングルを使います。

また、ある程度予測して守ることが必要です。

例えば4番打者が3ボール1ストライクのカウントなら思い切って引っ張ってくることが予想されるので三遊間寄りに守備位置を変えるとか、あるいは逆に0ボール2ストライクと追い込まれているときはミートを心がけてセンター返しを狙ってくるケースが多いので、二遊間寄りに守ったりします。これは右打者と左打者、打順、バットを持つ長さなどでも違うので、打者をよく観察することも大切です。

またキャッチャーが構えるコースなどでも打球を予測できるので、状況を判断して守備位置を変えたりします。ショートは打球処理だけではなく併殺プレイや二塁走者のけん制プレイ、中継プレイ、バントシフトなど、他にもたくさん覚えることがあります。

フットワークを使って打球の正面に入る

内野手 併殺プレイ 二塁手
打球の方向で送球を使い分ける

私はダブルプレイのケースでは、自分の守備位置を基準にして右側のゴロはトス、左側だったらスナップスローと、ある程度決めて守っていました。次のプレイを予測しておくと、瞬時の判断がスムーズにできるからです。

トスのときは相手に必ずボールを見せてからトスします。捕る動作が1、相手に見せるのが2、手から離すのが3です。捕る→見せる→トス、このイチ、ニィ、サンが基本です。もっと素早くしたいときは、1と2の間隔を詰めます。

スナップスローは、捕球体勢から体をショートに向けて回転させて投げますが、ボールを右手に持ち替えたら、ヒジを肩の高さまで引き上げてL字形になったところで止めます。それ以上後ろに引く必要はありません。止めた位置からショートに指先が向くようにして投げます。

このほかにも、セカンドはさまざまな打球のダブルプレイをマスターしなければなりません。プロ野球の選手が二塁ベース寄りの打球をグラブトスやバックトスしているのを見たことがあると思いますが、今の段階では右手に正しく持ち替えてから正確にトスしてください。ダブルプレイはまずひとつアウトにすることです。正確なプレイを心掛けましょう。

捕球の際は右手でフタをする

ボールを見せると相手が準備しやすい

正確にトスをする

内野手　併殺プレイ　遊撃手
あせらずに確実に捕球　送球はサイドスローで

プロ野球には、できるだけ投げる側（右足付近）で捕球した方が速いと教えるコーチがいます。しかし、これは人工芝でイレギュラーが少ないグラウンドで、しかも熟練した選手だから許されることです。プロ野球でも、甲子園など土のグランドの場合は、ゴロは基本通りに体の中心で確実に捕球してから送球しています。守備は「シュア（正確さ）・アンド・クイック（速さ）」が基本です。確実にプレイをして初めて速さが生まれます。土のグラウンドの場合、右足付近で捕球体勢に入ると、わずかなイレギュラーでも対応するのが難しくなります。特に左打者の三遊間のゴロはサード側に切れていきますから、ファンブルの危険性が大です。ダブルプレイの場合は、送球をあせらずに確実に捕球して、最低でもアウトをひとつ取ることが大切です。

ショートからセカンドへの送球の基本は
①打球の正面に入り捕球と同時に左足から右足へと重心を移動させる
②その間にボールを右手に正しく握り替える
③右ヒザをセカンドに向かって沈めるようにしながらサイドスローで送球する

です。捕球する前に走者を見ると、ファンブルしますから気をつけましょう。

できるだけ打球の正面に入り捕球する

ボールを右手に握り替える

サイドスローで送球する

内野手 挟殺プレイ
少ないキャッチボールでアウトにする

挟殺プレイの基本を教えます。

①ボールを手にしたらダッシュをする。このときボールを相手に見せながら走者を追いかける

②少ないキャッチボールで早くアウトにする。走りながらのプレイなので送球の回数が多ければ多いほどエラーの確率が高くなる

③アウトカウントを頭に入れてプレイをする。2アウトのときは慌てないこと

④オブストラクション（走塁妨害）に気をつけること。走者はわざと守備側の選手に接触するような逃げ方をすることがあるので、投げたらすぐラインから外れる

⑤前の塁の方に追い込む。三本間で挟んだときはサードベースの方に走者を追い込む。万が一、落球しても走者は三塁のままにできる

ボールを手にしたらダッシュをする

サードベースの方に走者を追い込み、送球する

カバーに入ったらオブストラクションに気をつける

少ないキャッチボールでアウトにする

内野手 カットプレイ
外野手と目標を結ぶ一直線上に入る

カットマンには、例えば、左中間長打で三塁につなぐ場合、カットマン（ショート）は処理した外野手と三塁を結ぶ「一直線上」に入ります。これがカットプレイの際の「カットマンの鉄則」です。

ひと昔前は「逆くの字」という言葉を使って、直線からずれて立つように教えていました。それは、外野からの返球を受けた後、目標の塁に投げやすい体勢だからというものでした。これは「外野手は必ずカットマンに返球しなさい」という教えに対応するためのものでした。しかし、これでは、外野手の送球が高かったり、左右に大きくそれたときなど、走者の進塁を防ぐことができません。ですから、いまではカットマンは外野手と目標を結ぶ一直線上に入り、頭上の高い球や難しいバウンドのときはカットせずに見送ってもボールが目標にきちんと行くようにするのです。

また、外野手と自分の肩の強さを計算して、どれくらい離れたらいいかを知っておくことも大切です。カットプレイでは、カットマンの後ろに入るトレーラーと呼ばれる選手の役割も重要です。カットマンの7〜8メートル後ろからカットするのか、どこに投げるのかを指示したり、悪送球をカバーするなどの役割を果たします。

カットマンは外野手と目標を結ぶ一直線上に入る

捕球、ターンと一連の動きは素早く

目標へ向かってステップし、正確な送球をする

内野手　ベースカバー　二塁手
グラブのポケットで捕球し、背でタッチ

セカンドはチームプレイの要としていろいろなテクニックを身につけなければなりません。タッチプレイもそのひとつで、盗塁、けん制、挟殺プレイなどがあります。タッチプレイは、ゴロ捕球と違ってグラブのポケットで捕球し、グラブの背でタッチをします。強くタッチをしたり、走者と接触してもボールが出ないようにするためです。

盗塁の時は、打者のスイングを見てからベースに入るようにして、ベースをまたいで走者の足を払うようにタッチします。余裕がある時はベースの前にグラブをおろし、スライディングしてくる走者を待ってタッチします。

けん制プレイは、走者を引きつける（スタートを遅らせる）ためとアウトにするためがあり、目的によってそれぞれ入るスピードが違いますが、どちらもボールを絶対に後ろへそらさないように気をつけてください。けん制は盗塁とは捕球の向きが逆になりますが、ベースをまたいだ瞬間に捕球しタッチをします。

けん制プレイはピッチャーとタイミングを合わせるのがコツです。ターンの速さなどピッチャーの特徴を頭に入れておきましょう。ゴロ捕球やダブルプレイはグラブの芯で捕り、タッチプレイは網の部分のポケットで捕るようそれぞれ使い分けてください。

ベースをまたいで送球を待つ

できるだけグラブのポケットで捕球する

グラブの背で走者の足にタッチする

内野手 ベースカバー 遊撃手

けん制は練習でタイミングを合わせる

もともと、二遊間はどちらがベースに入るかを決めていますから、セカンドが入るときは深めに守り、自分（ショート）が入るときはやや浅く守ります。ショートが一番気をつけないといけないのは2点です。

①早く動きすぎない、つまり打者が打つ前に動かないこと

②間に合わないほど深い守備位置にいないこと

一般にショートのけん制は①クイック　②ストレート　③デイライトの3種類を使います。

①**クイック（1秒）**　ピッチャーはプレートを踏んで、両手を合わせた瞬間（セット）にターンして送球する。ターンと送球でベースまで約1秒かかるので、ショートはこの1秒間で動ける距離からベースに入る

②**ストレート（3秒）**　ピッチャーはセットに入ってから走者を見る（1秒）、キャッチャーを見る（2秒）、ターン（3秒）して投げる。ショートはセットから3秒数えてベースに入る

③**デイライト**　ショートは走者の後ろから急にベースに入る。ピッチャーはランナーの動きを見ていて、ショートが打者の陰から現れた瞬間にターンして送球する

自軍のピッチャーのタイミングを覚えることが大切です。

ショートがベースに入るときはやや浅く守る

ピッチャーがターンをするタイミングでベースに入る

繰り返し練習し、ピッチャーと呼吸を合わせる

内野手　強いゴロを捕るには
歩幅を肩幅より広くしたがに股スタイルで

強い打球は誰でも怖いものです。私も最初のころは逃げていました。ただ、ノックや試合で数多くのゴロを捕るうちにだんだん慣れてきて、一度打球が当たったときに「なんだ、これくらいの痛さだったのか」と分かってからは逃げなくなりました。ゴロは体の正面で捕るのが基本です。しかし、バウンドが合わないときは体で止めて前に落として送球します。

打球を怖がる人の共通点は捕球姿勢が高いことです。歩幅が狭く、ヒザが伸びきった状態では地をはうようなゴロには腰が引けてしまいます。強いゴロは歩幅を肩幅より広くした、がに股スタイルで捕ります。ボールを上からではなく下から見るのです。構える時にグラブを地面につけてからスタートをすると、グラブを下から出すのがやさしくできます。

グラブを地面につけて構えると、下から出しやすくなる

+1 プラスワンアドバイス

地をはうようなゴロの場合　ボールがグラブに入る瞬間はグラブを体の中心に引き寄せるようにしてボールの勢いを吸収します。人に生卵を投げられたとき、割れないように両手を手前に引いて捕るでしょう。あれと同じ要領と考えてください。

内野手 シングルハンドキャッチ
積極的に逆シングルで捕る

日本では古くから「正面で捕れ」と言われてきました。それは確実に捕球して、正確に送球をするには正面の方がいいという理由からです。間違いではありませんが、すべての打球に該当すると思っている監督やコーチが多いのも事実です。

私はこれまで、三遊間のゴロを無理に正面に入ろうとしてはじいたり、追いつけなかったプレイをたくさん見てきました。内野手は逆シングルを使うべきで、その練習をするべきなのです。正面に入る努力をして、それでも正面に入れないときは積極的に逆シングルを使うことを勧めます。アメリカでは「グラブと反対側の打球は逆シングルが自然」と教えています。小さいころから練習しているのでハンドリングが柔らかくとても上手です。

逆シングルは
①守備範囲が広くなる
②強い送球ができる

などの利点があります。特に三遊間の深いゴロは正面で捕るよりも、素早くそして強い送球ができます。5メートルの距離から投げてもらい、まずは素手で、左右のハンドリングで捕る練習をしてみましょう。

相手が転がすボールに備え、低く構える

逆シングルでボールを追う

左右に転がしてもらい、ハンドリング技術を身につける

内野手 バウンドを合わせる
ショートバウンドを捕る練習を!

高校や大学にも、バウンドの合わない選手はたくさんいます。

ほとんどのゴロに対してスタートの瞬間は前に出ます。バウンドを少なくした方がイレギュラーが少なくなるし、目標に対しても投げる距離が近くなるからです。

バウンド捕球はノックによる練習になりますが、それだけではなかなか覚えることができません。私がプロ野球時代から行っている練習を教えましょう。

チームメイトやコーチに、ボールを地面にたたきつけ、高いバウンドのボールを投げてもらいます。15メートルくらいの距離からスタートして、すべてをショートバウンドで捕るのです。ときには行きすぎるようなバウンドでも下がって必ずショートバウンドで捕ります。前進して1度目のバウンドに間に合わないときは、ツーバウンド目で必ずショートバウンドで捕ります。

高いバウンドや低いバウンドなどいろいろなタイミングを覚えるのに、最も効果がある練習です。

練習相手からバウンドさせたボールを投げてもらう

グラブをバウンドに合わせる

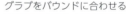

必ずショートバウンドで捕るようにする

様々なバウンドを捕球し、タイミングを覚える

Column

軟式球の守備のコツ

軟式は、硬式と違って高いバウンドが多く、よく頭の上を越されるのを見かけます。普通、ゴロは打球に向かって進みながらスピードを調整して、捕りやすいバウンドに合わせて捕るのが基本です。しかし、軟式は不規則なバウンドが多く基本通りにはいきません。

ノックや打撃練習の打球に対して、すべて前に出る訓練をするといいでしょう。絶対に下がってはいけません。たとえハーフバウンドになって捕れなくてもいいのです。とにかく前に出るくせをつけます。そうすることで、打球に対する1歩目のスタートが早くなります。これが、守備が上達するコツです。

かつて阪神に、三宅秀史という名三塁手がいました。打撃練習のすべての打球、例えばスタンドや外野へ飛ぶ打球に対してもスタートを切る練習をして、日本一の内野手になりました。私が大学で教えていたときもこの練習を取り入れていました。すべての打球で、正面に入るように努力してください。バウンドが合わなくても体で止める習慣をつけます。ハーフバウンドはグラブをボールに向かって突き出すようにすると、うまく捕ることができます。

内野手 強い送球を投げるには
ピッチング練習で正しいステップ&肩の強化

送球は必ず目標に向かってステップをして投げるのが基本です。そういう点からピッチング練習は効果があります。

右ピッチャーなら目標（キャッチャー）に向かって必ず左足を真っすぐに踏み出して投げます。内野手もそういうくせをつければいいのです。どこでゴロを捕球しても左足をファーストに向け真っすぐにステップして送球する。左足が開いたり、クロスしたりするとコントロールが乱れます。

肩を強くするには投げ込みが必要です。キャッチボールやシートノックだけでは足りないので、ピッチング練習は効果があります。一石二鳥なのです。ただし、ピッチャーはボールを長く持って、できるだけ遅く（打者に近く）リリースしますが、内野手はいかに早くボールを手から離すかが勝負ですから、そのことを頭に入れてピッチング練習をしてください。ステップ（下半身）と腕の振り（上半身）のバランス（タイミング）を覚えると、いい送球ができるようになります

内野手なので、テイクバックは浅くとる

目標に向かって真っすぐステップし、リリースは早めに

内野手 スナップスロー
手首を使って素早い送球

例えば、併殺プレイでショートがセカンドに送球するときは、いかに早く投げるかが勝負になります。こんなときに、スナップスローを使います。

スナップスローはヒジを90度、あるいはそれ以下に曲げた状態で投げますから、普通のスローイングのように腕を大きく振ってはいけません。手首だけで投げます。フィニッシュでは、手の甲が上を向き、5本の指が目標を指せば、コントロールがつきます。

ネットスローで練習するのがいいでしょう。

①7～8メートルの近い距離でネットに向かって横向きに立つ
②右腕（右投げ）を肩の高さで90度あるいはそれ以下に曲げて手首だけを使って投げる

+1 プラスワンアドバイス

分かりやすいのは左足を上げて、その下（股間）からネットに向かって投げてみることです。手首を使わないと投げることができません。スナップスローの原点です。

ネットに向かって横向きに立つ

ボールを持った腕を肩の高さまで上げ、ヒジは90度以内に曲げる

手首を意識してスローイングする

内野手 イップスの対処法
練習で自信をつける

近い距離の送球が苦手な「イップス病」はほとんど、メンタル面が原因です。いい球を投げたいが、ワンバウンドだったらどうしようなどとマイナスの思考をして、腕の筋肉が萎縮していつもの動きができなくなるのです。

私たちの時代にはほとんどいませんでしたが、最近は小学生にもイップスの子がいると聞きます。いいボールを投げなさいなどと言って、精神的に追い込んでしまうことなどに起因していると考えられます。

技術的なイップスの原因は、腕のひねりができないことによるものなので、そのひねりを引っ張り出してやればいいのです。イップスの人の多くが、ヒジから引っかくようなスローイングをしています。修正にはひねりを入れればいいので、故意にシュートを投げる練習をします。内野手であれば、一塁にシュート回転の送球をするのです。イップス病の解決法は練習で自信をつけるしかありません。送球ネットにマークをつけて、7～8メートルの近い距離から、ヒジを肩の高さで90度以内に曲げてスナップスローします。シュート回転ですから、フィニッシュでは親指が下、小指が上を向いているはずです。

自信の裏付けは豊富な練習量です。必ず治りますから続けましょう。

近い距離から始めて、徐々に自信をつける

内外野の声の連係
捕球するポジション、距離感を声で確認

内野手と外野手の間のフライは、打球が向かってくる外野手が捕るのが原則です。しかし、打球の強さや飛距離、風向きなどの条件によっては、必ずしも原則通りではない場合がたくさんあります。最もしてはいけないのは、お互いが譲り合うことです。プロ野球でもときどきありますが、野手はどんな打球でも全て自分が捕るくらいの積極性を持つことが必要です。

例えばセカンドで最も難しいフライは、守備位置の右後方、つまりセンター、ライト、セカンドの3人が追いかける打球です。フライを見ながら夢中で追いかけるので、衝突を避けるためにお互いの距離も見定めないといけません。ここで大事なのが「声の連係」です。自分が捕るときは「OK、OK」、相手に任せるときは「センター」などとポジションや名前を大声で連呼して衝突を防ぎます。内外野の中間のフライを追いかけるときは、打球から決して目をそらしてはいけません。

練習としては、コーチがマウンドの近くから、手投げで左右高低にいろいろなフライを投げて、内外野手が距離間や声の連係の確認をするといいでしょう。風の強い日にやると効果的な練習になります。

打球に近づきながら、お互い声をかけ合う

周りの野手は、捕球を最後まで確認する

外野手 ゴロの捕球
ボールへのチャージ速度をコントロール

軟式と硬式はバウンドの仕方が違いますが、基本は同じです。やさしいようで難しいのが外野手のゴロ処理です。ゴロ捕球の基本は全力でチャージして打球に近づいたらややスピードを落として捕ります。スピードを落とさないと、はじいてしまいます。

グラブを下から出す練習は15〜20メートルの近い距離からボールを転がしてもらい、それを2、3歩走ってグラブを地面につける感じで下から出して捕ります。ボールを手で下から投げてもらって、地面をはうようなゴロをたくさん捕ってください。

慣れてきたら距離を伸ばしてノックをしてもらいチャージして、打球に近づいたら、ややスピードを落として捕って投げる練習をしてください。

捕球から送球までの流れは、
（1）**ボールを下から片手ですくい上げるようにして、右足を前に出し左足の内側あたりで捕球**（右足を前に出して捕るとグラブは自然に体の内側に入ってくる）
（2）**グラブを引き上げながらボールを握り、左足を目標方向に真っすぐ踏み出して送球**

ぜひマスターしてください。

打球に向かって全力でチャージ

グラブを下から出して捕球

+1 プラスワンアドバイス

プロ野球でも外野手が後逸して打者までがホームインするプレイがたまにあります。外野手の後ろには誰もいませんから、後逸は絶対にしてはいけません。走者がいないときは、片ヒザをついて体の正面で確実に捕球するようにしましょう。

打球に近づいたら、ややスピードを落とす

捕球の体勢に入る

グラブを引き上げる

ステップして送球へ

外野手 スローイング
外野手もステップ&スローで

スローイングの基本は、ステップ・アンド・スローですから、捕球、ステップ、スローのタイミングが合わなければ、いい送球はできません。外野手は、打球に向かって全速力で走りますから、送球のタイミングが難しくなります。打球に近づいたら、ややスピードを落として捕球します。勢いがついているときは少しジャンプをしてステップをするとスローとのタイミングを合わせることができます。

右足のくるぶしを目標に向ける

ボールを握り替える

ヒジを肩の高さまで上げる

左足を踏み出す

捕球後、グラブを引き上げながらボールを握り、ヒジを肩の高さまで上げます。右手が背中の方に入りすぎると、体が横回転になり、ヒジが前に出ないので腕を強く振ることができません。右足のくるぶしを目標に向けて、その一直線上に左足を踏み出せば正しい方向へ送球できます。これがステップのコツです。勢いよく前進した場合でも肩があまり強くなくても、このステップをマスターすればコントロールがつくので十分にカバーすることができます。

目標をしっかり見る

少しジャンプしてタイミングを合わせる

上から強く腕を振る

安定した送球を目指す

外野手　強い送球をする
ステップの方向性とタイミング

タイミングを合わせて捕球

送球の基本は、ステップ・アンド・スローでステップの方向性とタイミングがカギをにぎります。全力で前進して捕球した場合、バランスが崩れやすいので打球に近づいたら、少しスピードを落として右足を前、左足は後ろの体勢で右足の内側で捕球します。肩の強い人はそのままワンステップで送球しますが、肩の弱い人はツーステップでもいいですからボールをしっかり握って体勢を立て直してから投げてください。捕球した時点からピッチャーと同じように左足を目標に向かって真っすぐに踏み出し、オーバースローで送球します。人工芝のようにイレギュラーが少ない球場では左足の外側で捕球することもありますが、土のグラウンドが多い小、中、高の場合はイレギュラーが多く後ろにそらす危険があるので、できるだけ体の中で捕るようにしてください。そしてピッチャーになったつもりで投げれば理想のフォームができるでしょう。

+1 プラスワンアドバイス

肩の強化には投げ込みが一番です。塁間くらいの距離で強いキャッチボールをします。それから徐々に距離を延ばしてください。遠投も効果がありますが、力いっぱい投げるとフォームが崩れるので気をつけましょう。

塁間の距離でキャッチボール

外野手 内野への返球
常に早く返球する訓練を

たとえランナーがいなくても、いるときのケースを考えて準備をしなければなりません。外野手はホームから一番遠いので、少しでも早く内野手に返球するのが基本なのです。

走者がいるときのセンターのプレイを考えてみましょう。

- **走者一塁の場合**＝センター前ヒットによる三塁への進塁を防ぐ
- **走者二塁の場合**＝シングルヒットで絶対に得点を許さない守備をしなければならない。ゴロに対しては全速力でダッシュ。そのスピードが速ければ、走者も三塁でストップするから。1点を争うときはダイレクト送球でも構わないが、低い送球を心掛ける
- **走者三塁の場合**＝フライによるタッチアップへの対処は、1、2歩後ろから勢いをつけて素早くカットマン（内野手）に送球する

このように外野手はいろいろなケースで素早く返球しなければなりません。だから常に早く返球する訓練をしておくことが大切なのです。

外野手は少しでも早く内野に返球するのが基本

外野手　フライの捕り方
「おでこに当てる」つもりで!

低学年の練習方法は約 20 〜 30 メートルの近い距離でコーチが手でフライを投げます。右、左、前方、そして頭の上を越えるなど、いろいろな種類のフライを練習します。そのときすべてのボールを「おでこに当てる」つもりで追いかけるようにしてください。サッカーのヘディングの要領です。そして、おでこに当たる寸前にグラブを出して捕ります。

コーチの手投げフライが捕れるようになったら、ポジションについて、ノックの打球で練習をしてください。必ずうまくなります。フライの落下点に素早く行くために帽子のひさし（つば）を目安にするのも良いでしょう。ひさしより上ならば高いフライ、下ならライナーかゴロと判断します。追いかけるときに頭を上下させたり、首を振ったりすると目線がぶれますから気をつけてください。

目線を動かさず打球を追う

おでこに当たる寸前にグラブを出す

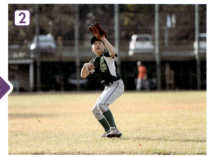

+1 プラスワンアドバイス

野球を始めたころは、キャッチボールやゴロにくらべてフライを捕る練習が少ないので、なかなか上達しません。遠近感をつかむまでには相当の時間が必要ですから難しいでしょう。しかし、フライの捕球は一種の慣れですから、練習さえすればちゃんと捕れるようになります。

外野手　ライナーの捕り方
瞬間の見極めが大切

どんな打球にも素早く反応するプロ野球選手でも、正面のライナーには苦労しています。ライナーは伸びてくる打球か沈む打球かの判断が早ければ早いほど、容易に捕ることができるので、瞬間の見極めが大切です。

正面に来たときは、むやみにスタートを切らずに、ほんの一瞬止まって、前進か後退かの判断をします。前に落ちるヒットは単打ですみますが、頭上を越されると長打になるので、打球の見極めが重要になるのです。大切なことは、ライナーが来たらどう動くかを前もって考えて準備をすることです。経験を重ねると、打者のスイングで打球の方向や速さを判断することができるようになります。バットの芯に当たったか詰まっているか、あるいは先っぽに当たったかはスイングで判断できます。

打者のスイングを見て、前に出るか後ろに下がるか判断

後ろにそらさないように体の正面で捕球

＋1 プラスワンアドバイス

ミートの瞬間をよく観察すると、打球の質（伸びる、沈む、スライス、フックなど）も分かるようになります。打撃練習中にただ飛球を追いかけるだけでなく、1球1球考えながら守る習慣をつけてください。

外野手 肩を強くするには
根気よく体を強化しよう

肩と足は生まれつきと言われていますが、普通のレベルまでは鍛錬で強くすることができます。しかし、肩や足はすぐに強くなったり速くなったりするものではありません。根気よく鍛えていくことが大切です。特に外野手は肩が強くないとレギュラーにはなれません。まず、強い筋力を身につけて強い体をつくりましょう。今すぐできることを教えます。

①アウターマッスル（外筋）とインナーマッスル（内筋）の強化

　アウターマッスルは腕立て伏せやダンベルなどで強化し、インナーマッスルは市販の専用チューブを使う。使用案内書が同封されていますから誰でもできる。また、自転車のチューブをネットや木に結びつけ肩の痛みを感じない程度に引っ張って強化する

②キャッチボールと遠投

　毎日のキャッチボールも強い球を投げることが大切。遠投は確実に肩を強くするので1日20球を少なくとも週2回は行う。また鏡やガラス戸などに姿を映して送球フォームを固める

③腹背筋の強化

　投げる動作は腹背筋が強いほど速い球を投げることができる

アウターマッスルはダンベルなどで強化する

鏡で送球フォームをチェックする

腹背筋を強化して速い球を投げられるようにする

外野手　守備範囲を広げる
打撃練習での守備機会を生かす

守備はある程度ノックでうまくなりますが、ノックは前もって打つ方向が分かるので、試合の打球とは全然違います。最も効果があるのは実際の打球を捕ることです。試合では内野手と違って守備機会が少なく、飛んでくる本数も限られているでしょう。また、日ごろのノックも少ないと思います。そこで打撃練習の打球を捕ります。自分で意識して外野を守り、1本でも多くの捕球練習をしてください。打つ瞬間に合わせて、自分のところに飛んでこなくても全部スタートを切ります。例えばライトを守っていて、レフト方向に打球が飛んでもスタートします。この単純に思えるスタート練習が守備範囲を広くするのです。時々浅く守ったり、あるいは深く守ったりしていろいろな種類の打球を追いかける工夫をしてください。

打撃練習中は打者のスイングに集中する

バットがボールに当たった瞬間にスタートを切る

スタートの判断が早ければ、余裕を持って捕球できる

+1 プラスワンアドバイス

イチロー選手やうまい外野手を見ると全投球にスタートを切っているのが分かるでしょう。私が巨人で現役のころセンターに柴田勲というスーパースターがいましたが、彼は「練習中の打球1本は、ノックの10本に値するほどの効果がある」と教えてくれました。参考にしてください。

Column

太陽でフライを見失う

フライが太陽と重なったときは、顔の前にグラブを出して光線を遮ります。グラブの横か下から打球を見ながら追いかけて捕ります。私たちのころはプロ野球でも「太陽安打」という言葉があったほど、たびたびボールを見失うプレイがありましたが、最近はドーム球場での試合や、ナイターが多いのでほとんど聞かなくなりました。また屋外のデイゲームでもサングラスをかけて対応しています。

小学生や中学生でサングラスを使用できないときは

・守備についたときに一度太陽を見て、どのようなフライが太陽と重なるかを予想しておく

・少し斜めからボールを見る

・グラブで光線を遮りながら捕る－などの工夫が必要です。まともに太陽を見ると、一瞬ボールが見えなくなるので、薄目でぼんやりと見るようにしてください。光線の中から必ずボールが見えてきます。

もしも、グラブでボールが見えなくなったとしても、自分のところに落ちて来ていると思ってあきらめずに追いかけてください。プロ野球の外野手が、照明の光線と打球が重なったとき、体勢を崩しながら捕球しているプレイを見たことがあるでしょう。彼らは見失ったボールが出て来るまであきらめずに見ているから捕球できるのです。